Zieh den Kreis nicht zu klein

Susanne Herzog/Franz Keil (Hrsg.)

Zieh den Kreis nicht zu klein

Schul- und Schülergottesdienste
Sekundarstufe I (Klasse 5–10)

Schwabenverlag

Alle Rechte vorbehalten
© 1999 Schwabenverlag AG, Ostfildern

Umschlaggestaltung: Ronald Parusel, Mössingen
Umschlagmotiv: Johannes Itten, Begegnung, 1917
© VG Bild-Kunst, Bonn 1998
Satz: Schwabenverlag AG, Ostfildern
Herstellung: Clausen & Bosse GmbH, Leck
Printed in Germany

ISBN 3-7966-0940-6

Inhalt

Vorwort   11

Zieh den Kreis nicht zu klein – Zum Geleit   13
Peter Schmid

Freunde, wir fangen an
Am Beginn des Schuljahrs

Unsere Schulgemeinschaft – ein Orchester   18
Anne Enderwitz

Ordnung muß sein?   21
Anton Seeberger

Es liegt allein in deiner Hand   25
Ulrike Prießnitz

Hand in Hand in Gottes Hand   29
Beate Brielmaier

Wenn wir jetzt weitergehen
Am Ende des Schuljahrs

Abschließen und Aufschließen   34
Anton Seeberger

Ein Weg mit Steinen und Blumen   38
Barbara Schaupp

Ich und mein Weg   41
Gabriele Gostner-Priebe

Keinen Wein mehr – oder »Flasche leer« 50
Christof Bumüller/Hans Plewka

Geh mit uns auf unserm Weg
Zur Schulentlassung

Loslassen – aufbrechen 56
Franz Keil

Mein Lebenshaus – wieder ein Bauabschnitt beendet 62
Anne Enderwitz

Ein Blick zurück nach vorn 66
Reinhard Schlereth

Wenn einer alleine träumt
In der Advents- und Weihnachtszeit

Weihnachten kann verändern 72
Barbara Schaupp

Rosen der Hoffnung 76
Michael Schindler/Ulrike Schmidtblaicher

Botinnen und Boten des Lichts 79
Franz Keil

Lichtblicke 86
Susanne Hepp-Kottmann

»Denn in der Herberge war kein Platz für sie« 90
Franz Keil

Wie ein Fest nach langer Trauer
In der Fasten- und Osterzeit

»Wenn ihr fastet ...« – Gottesdienst zum Aschermittwoch 98
Reinhard Schlereth

Espolio – Entkleidung 102
Jeanette und Ansgar Krimmer

Belastendes bei Christus abladen 106
Tobias Schart

Da kräht doch kein Hahn danach! 109
Beate Brielmaier

Laß uns den Weg der Gerechtigkeit gehn
Verantwortung für die Weit

Straßenkinder 114
Rudi Kaiser

Den »Müllbaum« von seiner Last befreien 120
Hedwig Fischer

Armut hat viele Gesichter 126
Reinhard Schlereth

»Die Erde zu verletzen heißt ihren Schöpfer zu verachten« 130
Michael Schindler

Kinderrechte sind Menschenrechte 135
Wilhelm Keller

Gehet nicht auf in den Sorgen dieser Welt
Mensch werden

Von halben Sachen 144
Hans Schuh

Loslassen und neu beginnen 151
Ulrike Prießnitz

Wenn es darauf ankommt, ist es gar nicht so leicht,
der »king« zu sein 154
Robert Widmann

Glauben und leben mit allen Sinnen 158
Reinhold Jochim

Gewalt hat viele Gesichter 162
Rudi Kaiser

Unternehmen Brückenschlag 166
Reinhold Jochim

Suchen und fragen
Lebensgefühl Jugendlicher

Zeit 170
Ulrike Arlt

Streit und kein Ende? 174
Tobias Schart

Zwischen coolness und action 179
Robert Widmann

Maskerade – und alle spielen mit 184
Susanne Hepp-Kottmann

»We are the champions, no time for loosers?« 188
Tobias Schart

Die Liebe ist stärker als der Tod –
Zu James Camerons Film »Titanic« 193
Thomas Steiger

Manchmal feiern wir
Besondere gottesdienstliche Formen

Anstöße – Ein meditativer Gang durch die Kirche 200
Hedwig Fischer

Auf, werde licht! – Frühschicht im Advent 205
Susanne Herzog

Steine – Bußgottesdienst 208
Hedwig Fischer

Gesegnet sei dieses Haus! – Segnungsgang
durchs Schulhaus 214
Susanne Herzog

Register 220

Mitarbeiterinnen und Mitarbeiter 224

Vorwort

»Zieh den Kreis nicht zu klein« – dieser Liedanfang ist wie ein Leitbild für die Gestaltung von Schul- und Schülergottesdiensten. Wir möchten mit diesem Buch dazu ermutigen, im Rahmen der Schule den Kreis zu öffnen für vielfältige Formen gottesdienstlicher Feiern, für fächerübergreifende Vorbereitung, für ökumenische Zusammenarbeit, für persönliche Ausdrucksformen der Gottsuche und nicht zuletzt für die Fragen und Zweifel, Hoffnungen und Träume, Nöte und Freuden der Schülerinnen und Schüler.
Im vorliegenden Band sind Gottesdienste von 25 Autorinnen und Autoren gesammelt, die Modelle aus ihrer Praxis mit Schul- und Schülergottesdiensten zur Verfügung stellen. »Aus der Werkstatt für die Werkstatt« wollen sie keine fertigen Entwürfe sein. Vielmehr verstehen sich die Gottesdienstmodelle als Bausteine, mit denen der Kreis der eigenen Ideen, Themen, Methoden erweitert werden kann. Sie wollen Anregungen geben, die in die jeweilige Situation übertragen gottesdienstliche Feiern bunt und lebendig gestalten lassen.
So haben alle einundvierzig Gottesdienste denselben Aufbau. Das *Thema* benennt die Leitidee und gibt einführende Vorüberlegungen. In den folgenden *Gestaltungselementen* wird diese Idee ausführlich entfaltet, und konkrete Möglichkeiten der Umsetzung werden entwickelt. *Schriftstellen*, *Fürbitten*, *Gebet* und *Liedvorschläge* bieten weitere Elemente im Sinne einer praktischen Handreichung an. Die vorgelegten Bausteine eignen sich ebenso zur Feier von Wortgottesdiensten wie von Eucharistiefeiern. Ebenso bieten sie Anregung für das Feiern von Klassengottesdiensten.
Die Reihenfolge der Zusammenstellung orientiert sich an Anlässen im Schuljahr. Das Kapitel »Freunde, wir fangen an« sammelt Ideen für die gottesdienstliche Gestaltung am Beginn des Schuljahrs. Für das Ende des Schuljahrs gibt es Anregungen unter der Überschrift »Wenn wir jetzt weitergehen«. Gottesdienste zur

Schulentlassung sind eigens aufgegriffen mit der Bitte um Begleitung auf dem weiteren Lebensweg: »Geh mit uns auf unserm Weg«. »Wenn einer alleine träumt« überschreibt gottesdienstliche Anregungen für die Advents- und Weihnachtszeit, »Wie ein Fest nach langer Trauer« Gottesdienstmodelle in der Fasten- und Osterzeit. Themen der Erfahrungs- und Lebenswelt der Jugendlichen geben die nächsten Kapitel vor. »Laß uns den Weg der Gerechtigkeit gehn« greift die Verantwortung für die Welt und die Schöpfung auf. Fragen nach dem eigenen Menschsein stehen unter dem Zuspruch »Gehet nicht auf in den Sorgen dieser Welt«. Gottesdienstmodelle zum Lebensgefühl Jugendlicher sind mit dem Liedanfang »Suchen und fragen« bezeichnet. Unter dem Titel »Manchmal feiern wir« finden sich schließlich Anregungen und Bausteine für besondere gottesdienstliche Formen.

Ein Stichwortregister und ein Verzeichnis aller verwendeten Schriftstellen ermöglicht eine Verwendung über die angebotene Einteilung hinaus.

Monsignore Peter Schmid, Leiter des Bischöflichen Schulamtes der Diözese Rottenburg-Stuttgart, gibt seine Erfahrungen zum Geleit.

Ein Kreis, der sich öffnet, kann – wie auf unserem Titelbild von Johannes Itten – wie eine Spirale ins Unendliche wachsen. Daß die Erfahrung so gestalteter Gottesdienste bunt und lebendig wird und die Mitte spürbar – das wünschen wir allen, die mit diesem Buch arbeiten.

Im Februar 1999 *Susanne Herzog und Franz Keil*

Für die Liedvorschläge wurden folgende Bücher verwendet:

EG = Evangelisches Gesangbuch
EH = Erdentöne Himmelsklang. Neue geistliche Lieder, Schwabenverlag, Ostfildern 1995
GL = Gotteslob
LfJ = Liederbuch für die Jugend. Geistliche Lieder für Schule und Gottesdienst, Quell-Verlag, [19]1996 Stuttgart
Tr = Troubadour für Gott, Würzburg, 2. erw. Auflage 1991

Zieh den Kreis nicht zu klein
Zum Geleit

Es war einmal ein Mann, dem gehörte eine wunderbare Kuhherde. Alle Tiere hatten ein schönes schwarzweißes Fell; geheimnisvoll wie die Nacht. Der Mann liebte seine Kühe und führte sie auf die besten Weiden. Wenn er abends die Tiere beobachtete, wie sie zufrieden wiederkäuten, dachte er: »Morgen früh werden sie mir viel Milch geben!« Eines Morgens aber, als er seine Kühe melken wollte, sah er, daß die Euter schlaff und leer waren. Er dachte, daß am Tag zuvor das Futter nicht gut gewesen war, und so führte er seine Herde am nächsten Tag auf einen besonders saftigen Weidegrund. Er sah, wie sie sich sattfraßen und zufrieden waren, aber am nächsten Morgen waren die Euter wieder schlaff und leer. Da trieb er die Kühe noch auf eine andere Weide, doch auch diesmal gaben sie keine Milch. Jetzt legte er sich auf die Lauer und beobachtete die Herde. Als um Mitternacht der Mond weiß und hell am Himmel stand, sah er, wie sich eine Strickleiter von den Sternen heruntersenkte. Auf ihr schwebten sanft und leise junge Frauen aus dem Himmelsvolk herab. Sie waren fröhlich und lachten einander zu und gingen zu den Kühen, um sie leerzumelken.
Als der Hirt das sah, sprang er auf, um sie zu fangen. Die Frauen aber stoben auseinander und flohen zum Himmel hinauf. Es gelang ihm aber, die Allerschönste von ihnen festzuhalten. Er behielt sie bei sich, und sie wurde seine Frau.
Sie lebten friedlich miteinander. Er hütete weiterhin das Vieh, und seine schöne Frau arbeitete im Garten und auf den Feldern. Was sie säte und pflanzte, gedieh prächtig und brachte viel Frucht. Die guten Ernten machten sie beide reich.
Eines aber plagte den Mann: Als er seine Frau eingefangen hatte, trug sie einen Korb bei sich. »Versprich mir«, hatte sie damals gesagt, »daß du niemals in den Korb hineinschaust. Wenn du es dennoch tust, wird uns beide großes Unglück treffen.« Er versprach es. Aber nach einiger Zeit vergaß der Mann sein Versprechen. Als er einmal allein zu Hause war, sah er den Korb mit ei-

nem Tuch zugedeckt im Dunkeln stehen. Er zog das Tuch weg und brach in schallendes Gelächter aus. Als seine Frau heimkehrte, wußte sie sofort, was geschehen war. Sie schaute ihn an und sagte weinend: »Du hast in den Korb geschaut!« Der Mann aber lachte nur und sagte: »Du dummes Weib, was soll die Geheimnistuerei um diesen Korb? Da ist ja gar nichts drin!«
Aber noch während er dieses sagte, wendete sie sich von ihm ab, ging in den Sonnenuntergang hinein und ward auf Erden nie wieder gesehen.
Warum sie wegging? Sie ging nicht, weil er sein Versprechen gebrochen hatte; sie ging, weil er die schönen Sachen, die sie für ihr beider Leben vom Himmel her mitgebracht hatte, nicht sehen konnte und weil er darüber sogar noch lachte.
Dieser Mann ist einer, dessen Interesse am Leben und an der Welt vom praktischen Nutzwert bestimmt ist. Der Inhalt des Korbes bleibt ihm verborgen. Ganz anders die Frau, die um das »Geheimnis« des Korbes weiß. Ihr Verhältnis zur Wirklichkeit ist geprägt von Beziehung, von Ehrfurcht und Tiefe. Auch uns verschweigt die Geschichte* den Inhalt des Korbes. Es wird nur gesagt, daß er »schöne Sachen« enthielt, die die Frau »für ihr beider Leben vom Himmel her mitgebracht hatte« und die das Zusammenleben dieser beiden glücklich machten.
»Zieh den Kreis nicht zu klein« – die Geschichte von der »verlorenen Mitte«, vom Verlust des Geheimnisses, fiel mir ein, weil ein Kreis zunächst nichts anderes ist als die Ausdehnung eines Punktes. Er lebt von seiner Mitte her. Kreis und Punkt haben die symbolische Bedeutung: Vollkommenheit und Einheit. Der Mittelpunkt ist dabei der entscheidende Schnittpunkt des Denkens. Hier verändern sich die Ebenen, hier findet der Übergang von einer Welt in die andere statt, hier gelangt man vom Himmel zur Erde, von der Erde zum Himmel, hier stehen Raum, Zeit und Ewigkeit miteinander in Verbindung. Wenn der Mittelpunkt verloren geht, gehen Vollkommenheit und Einheit eines Kreises verloren, fällt eine Kugel in sich zusammen.
Die in diesem Buch veröffentlichten Gottesdienstmodelle sind für Schülerinnen und Schüler bestimmt, die in einer Welt aufwachsen, die ihre Mitte immer mehr zu verlieren droht. In unserer heutigen Gesellschaft werden Machbarkeit, Verfügbarkeit und Nutzdenken großgeschrieben, und gleichzeitig ist bei Kindern und Jugendlichen zunehmend Orientierungs- und Perspek-

tivlosigkeit festzustellen. Den Kreis so ziehen, daß möglichst viele Kinder und Jugendliche Gott als den entscheidenden Mittelpunkt ihrer Lebenswelten in den Blick bekommen, ihnen nahebringen, daß er unserem Leben Orientierung, Sinn und Halt geben will.

Den Kreis weit gezogen haben die Autorinnen und Autoren der hier veröffentlichten und in der Praxis erprobten Gottesdienste, denn sie nutzen die vielfältigen Anlässe im Schul- und Kirchenjahr, um sie für die Schülerinnen und Schüler zu Frageanlässen nach Gott, dem entscheidenden Mittelpunkt, werden zu lassen. In Verbindung mit dem Religionsunterricht und der Gemeindekatechese kommt dem Gottesdienst eine besondere und herausragende Stellung in der Glaubensvermittlung zu, denn »durch die Kraft des liturgischen Geheimnisses öffnet sich die Zeit, und wir werden an den Punkt geworfen, von dem die Ewigkeit sich mit der Zeit kreuzt« (P. Evdokimov).

Den Herausgebern Susanne Herzog und Franz Keil und den Autorinnen und Autoren danke ich sehr und wünsche, daß diese Gottesdienste wirken wie ein Stein, der ins Wasser fällt – »und ist er noch so klein, er zieht doch weite Kreise«.

Peter Schmid

---

* Nacherzählt nach der Geschichte von Laurens van der Post »Die Geschichte vom Korb mit den wunderbaren Sachen«.

Freunde, wir fangen an

Am Beginn des Schuljahrs

Unsere Schulgemeinschaft – ein Orchester

THEMA

Die Schulgottesdienste eines Schuljahrs stehen in unserer Schule immer unter einem Gesamtthema. Der Leitgedanke für dieses Schuljahr war das Bild eines Orchesters.
Für das Zusammenspiel ist jede und jeder wichtig. Alle sind verantwortlich für das Gelingen des Gesamten. Es gibt mal leise Töne, mal den vollen, lauten Klang. Nicht immer ist dieses Zusammenspiel harmonisch. Oft begleiten Dissonanzen das Zusammenleben. Wir stimmen unsere Instrumente zu wenig aufeinander ab, wir hören zu wenig aufeinander. Indem wir unsere eigenen Töne lauschend auf die Töne der anderen einbringen, entsteht ein lebendiger Klang.
Der nachfolgende Schulgottesdienst am zweiten Schultag stellte den Auftakt dar. Im Laufe des Schuljahrs wurde das Bild der Instrumente eines Orchesters in einzelnen Jahrgangsgottesdiensten aufgegriffen: »Sich einspannen lassen«, »Eine Zauberflöte stiftet Unruhe«, »Neue Saiten aufziehen«.
Zum Gottesdienst am Schuljahresende brachte jede Schülerin/ jeder Schüler ein »Instrument« mit wie Flöte, Mundharmonika, Gitarre, Kamm, Topfdeckel, Löffel u. a. Wir hatten uns auf das Lied »Morning has broken« von Cat Stevens geeinigt. Es war überwältigend, 900 Jugendliche so vereint zu sehen und zu hören.

GESTALTUNGSELEMENTE

Hinführung

Ein neues Schuljahr beginnt – erholt, wohlgelaunt und gespannt erwarten wir, was kommen wird. Einige Instrumente haben sich hier vorne zusammengefunden. Wohlgestimmt werden sie uns jetzt etwas vorspielen – allerdings, jedes Instrument für sich.

Jedes Instrument wird kurz vorgestellt – Klavier, Flöte, Klarinette, Geige, Horn, Querflöte, Schlagzeug – und spielt etwa eine halbe Minute. Die Sprecherin, der Sprecher bedankt sich jeweils und fordert die Spielerinnen und Spieler auf, nun miteinander zu spielen.

Wie mag es wohl klingen, wenn diese verschiedenen sieben Instrumente zusammenspielen? Hören wir uns das einmal an!

Jedes Instrument spielt für sich, ohne auf die anderen zu achten. Nach etwa einer Minute ruft der Sprecher, die Sprecherin sehr laut:

Das ist ja nicht zum Anhören! Aufhören!! Ein solches Zusammenspiel tut unseren Ohren weh. Woran dies liegt, können wir rasch beantworten. Jedes Instrument hat nur für sich gespielt. Zusammenspiel aber kann nur klappen, wenn man sich aufeinander abstimmt, wenn man aufeinander hört, wenn man sich auf *ein* Thema geeinigt hat.

Wie wird unser Thema für das kommende Schuljahr heißen?

Gedanken zum Schluß

ZUSAMMENSPIEL

Kennst du die Melodien deines Lebens?
Die Töne,
Takte,
Pausen
und den Paukenschlag?

Hörst du die Melodien
deines Freundes, deiner Freundin,
die Melodien jener,
die dir nah und ferne stehn?
Kennst du
ihre Töne,
Takte,
Pausen
und ihren Paukenschlag?

Höre auf die tausend Melodien!
Suche deinen Ton,
deinen Takt,
deine Pause

und deinen Paukenschlag
für das Zusammenspiel
der tausend Melodien!

(Hans Kuhn-Schädler)

SCHRIFTTEXT

1 Kor 12,12–31   Der eine Leib und die vielen Glieder

FÜRBITTEN

Gott, du bist Grund und Ziel unseres Lebens, du vollendest, was wir in deinem Namen beginnen. Zu dir rufen wir voll Vertrauen:

- Du hast jede und jeden mit ganz bestimmten Begabungen beschenkt. Hilf uns, unsere Fähigkeiten im Zusammenspiel mit den anderen einzubringen und zu entfalten.
- Du hast jeder und jedem von uns einen ganz bestimmten Platz im Orchester unserer Schule zugewiesen. Hilf uns allen, *den* Platz zu finden, der für uns der richtige ist.
- 157 neue Fünfer-Schülerinnen und -Schüler spielen seit heute in unserem Schul-Orchester mit. Laß sie in unserer Schule Spieler und Spielerinnen finden, die ihnen das Eingewöhnen erleichtern.
- Wir stehen am Beginn eines neuen Schuljahres – Ausdauer, Durchhaltevermögen, Fleiß und Freude sind nötig, um an unserer Schuljahres-Symphonie zu arbeiten. Sei du bei uns, wenn wir wegen Rückschlägen aufgeben wollen.

Herr, du willst das Glück und Heil der Menschen. Dir sei Lob und Dank in Ewigkeit. Amen.

LIEDVORSCHLÄGE

Tr 8	»Freunde, wir fangen an«
Tr 132	»Entdeck bei dir«
EH 156	»Wenn einer alleine träumt«

Anne Enderwitz

Ordnung muß sein?

THEMA

Mit dem neuen Schuljahr beginnt nach der Ferienzeit wieder die gewohnte Ordnung. Wenn man mit Schülern persönlich spricht, dann äußern sie zwar Bedauern über das Ende der Ferien, aber auch Zufriedenheit darüber, daß der Alltag mit seiner gewohnten Ordnung wieder einkehrt.
Ordnung ist nicht für jeden und nicht zu jeder Zeit ein angenehmes Wort. Obwohl es manchmal schwer nachvollziehbar ist, muß Ordnung sein, weil sie das Leben erleichtert. Schule und Lernen funktionieren nicht ohne Ordnung. Lehrplan, Stundenplan, Notengebung und alles andere, was mit Schule zu tun hat, muß nach einer für Schülerinnen und Schüler transparenten Ordnung stattfinden. Sonst fühlen sie sich ausgeliefert.
»Ordnung ist die Lust der Vernunft«, sagt ein Sprichwort, aber Chaos ist die Wonne der »Phantasie«. Beides muß in einem geordneten Verhältnis zueinander kommen, damit das Leben nicht vor lauter Ordnung erstarrt und nicht in purem Chaos versinkt. Das Leben braucht eine Ordnung, z. B. die Ordnung im Tagesablauf; das Denken braucht auch eine Ordnung, z. B. die Ordnung der Sprache. Sogar der Schulranzen braucht eine Ordnung, damit man nichts vergißt. Ordnung muß – so schwer es einem fällt – wenigstens hin und wieder auch im eigenen Zimmer hergestellt werden. Ordnung muß im eigenen Kopf sein, wenn tausend Gedanken auf einen einströmen. Ordnung muß in der eigenen Seele sein, damit wir nicht von jeder Empfindung und jedem Gefühl überrumpelt werden. Ordnung macht das Leben leichter, ermöglicht das Zusammenleben, ist manchmal mühselig, aber auch entlastend. Die Ordnung kann man nicht immer neu in Frage stellen, sie muß verbindlich sein.
Am Anfang der Bibel heißt es, daß Gott aus dem Chaos den Kosmos, die geordnete Welt, macht. Gott offenbart sich seinem Volk als Gott der Freiheit, indem er seinem Volk eine Lebensordnung

gibt. Daß Ordnungen auch Leben verhindern können, damit hingen viele Auseinandersetzungen Jesu zusammen. Man kann vielleicht sagen: Ordnung muß sein, aber sie muß Leben ermöglichen und darf es nicht verhindern.

GESTALTUNGSELEMENT

Betrachtung eines Ordners

Leitz-Ordner, Schnellhefter und dergleichen Dinge sind den Schülerinnen und Schülern wohlbekannt. Am Beginn des Gottesdienstes oder zur Verkündigung wird ein solcher Ordner gezeigt. Dann werden in den Ordner einzelne Blätter zur Untergliederung des Ganzen eingeordnet, auf denen ein für das Schuljahr wichtiges Schlagwort steht. Die hier vorgeschlagenen Schlagworte können nach Belieben eingesetzt, gekürzt, erweitert, verändert werden – in jedem Fall aber sollen sie erläutert werden.

Lust am Neuen – neue Erfahrungen, neue Erkenntnisse, neue Menschen, neue Zusammenhänge;

Aufmerksamkeit – für den Unterrichtsstoff und füreinander;

Ausdauer – nicht alles erschließt sich einem sofort; nicht jeder versteht alles gleich; alles, was wir gut können wollen, braucht Übung;

Zuverlässigkeit – zuverlässig gegenüber den Mitschülerinnen und -schülern; Verbindlichkeit im Reden und Handeln;

Gelassenheit – sich nicht verrückt machen; tun, was man selbst tun kann, und vertrauen, daß der Segen kommt;

Solidarität – gegenseitige Hilfe; Schwächen und Stärken ausgleichen; die Schwächeren mitziehen, die Stärkeren an ihre Verantwortung erinnern;

Vertrauen – zu sich selbst, in die eigenen Kräfte; Vertrauen in die Freunde; Vertrauen auf Gott.

SCHRIFTTEXT

Weish 11,20b–12,1   Gottes Schöpfungsordnung

FÜRBITTEN

Als Ruf nach jeder Fürbitte wird gesungen »Geh mit uns auf unserm Weg«.

Gott, wir stehen am Anfang des Schuljahres, wir wissen noch nicht, was es bringen wird. Darum bitten wir dich: »Geh mit uns ...«

- Für alle, die den Schul-Alltag prägen und gestalten, für die Verantwortlichen in der Schulleitung; für das Lehrerkollegium; für die Hausmeister und Sekretärinnen; für Klassensprecherinnen und -sprecher; für die SMV und für alle Begleiterinnen und Begleiter bei Freizeiten, Fahrten und im Schullandheim.
- Für unsere Lehrer: daß sie mit Spaß und Leidenschaft ihren Beruf ausüben; daß sie es verstehen, ihre Schüler zu motivieren; daß sie Verständnis, Geduld und Nachsicht aufbringen; daß sie Erfüllung finden in ihrem Beruf.
- Für uns selbst: daß wir uns einlassen auf neue Erfahrungen und neue Erkenntnisse; daß wir verbindlich sind zueinander; daß wir unsere Interessen und Fähigkeiten entdecken und entwickeln.
- Für unsere Mitschüler, die es schwer haben, und für diejenigen, denen alles leichtfällt; für die, die schnell Anschluß und Freunde finden, und für die, die sich eher zurückziehen.
- Für die Klassengemeinschaften: daß sie zusammenhalten und zu einer guten Gemeinschaft werden; daß nicht Konkurrenz, sondern Solidarität das Zusammensein bestimmt.
- Für die Eltern: daß sie gute Begleiter sind auf dem Weg durch das Schuljahr; daß sie trösten, wenn es Niederlagen gibt; daß sie fordern, wenn Bequemlichkeit sich breitmacht; daß sie für uns da sind, wenn wir sie brauchen.
- Für Kinder und Jugendliche, die keine Chance haben, die aufgrund von Armut schwer arbeiten müssen, um den Lebensunterhalt ihrer Familien zu sichern; für alle, die unter Krieg und Gewalt ihre Kindheit und Jugend verbringen müssen; für alle, die keinen Arbeits- oder Ausbildungsplatz finden.

Gott, unser Vater, schenke uns Zuversicht und Beharrlichkeit in diesem Schuljahr. Führe uns an das Ziel dieses Jahres und laß uns weiterkommen auf dem Weg, auf den du uns gestellt hast – durch Christus, unseren Herrn. Amen.

LIEDVORSCHLÄGE

EH 121   »Meine Zeit steht in deinen Händen«

EH 152   »Suchen und fragen«

EH 86   »Einsam bist du klein«

EH 62   »Geh mit uns auf unserm Weg«

Anton Seeberger

Es liegt allein in deiner Hand

THEMA

Ob wir etwas mit unseren Händen gestalten oder ob wir beim Reden mit den Händen gestikulieren, jedesmal geben sie etwas von uns selbst preis. Wir können sie einsetzen, um Leben zu bewahren oder um Leben zu verletzen, um jemandem Gewalt zuzufügen oder jemanden liebevoll zu streicheln, um etwas in Besitz zu nehmen oder herzugeben.
Die Schülerinnen und Schüler können mit Hilfe dieser Symbolik auf das kommende Schuljahr blicken: Vieles können sie im Schuljahr durch ihr Zutun mitbestimmen. Manchmal wird die Zeit in der Schule mühevoll sein, manchmal wird der Umgang mit Mitschülerinnen und Mitschülern, Lehrerinnen und Lehrern erschwert. Jede und jeder kann entscheiden: Gehe ich auf jemanden zu, helfe ihm bei den Hausaufgaben oder einer Englischübersetzung oder schaue ich nur auf mich und denke: »Die anderen sind mir egal, ich weiß es ja«?
Aber es gibt auch Situationen, in denen Menschen nicht viel beeinflussen können. Freude und Schmerz, Glück und Trauer, Leben und Tod liegen nicht in ihren Händen. Hier bleibt nur das Vertrauen: Letztlich liegt unser Leben in einer anderen Hand, und diese Hand Gottes beschützt uns und ist da, egal was passiert.
Der Gottesdienst wurde als Klassengottesdienst zu Beginn des Schuljahres gefeiert.

GESTALTUNGSELEMENTE

Pantomime als Einstieg ins Thema

Verschiedene Schüler bekommen je ein Kärtchen, auf denen ein Spruch steht. Der Spruch soll mit der Gestik der Hände dargestellt werden, so daß die anderen den Spruch erraten können. Die Schülerinnen und Schüler erfahren, daß sie durch ihre Hände Stimmungen mitteilen können.

Sprüche: »Halte doch dein Auto an und nimm mich mit!«
»Hau ab!«
»Wir halten zusammen!«
»Paß bloß auf!«
»Du hast sie ja nicht alle!«
»Du bist willkommen, ich begrüße dich!«
»Das war okay!«
»Entschuldigung!«
»Ich verzeihe dir!«
»Oh Gott, was hast du denn gemacht?!«

Geschichte: Leben in der Hand

In einem Ort weit weg von hier und lange vor unserer Zeit lebte ein weiser Mann. Jeder konnte zu ihm kommen. Jederzeit hatte er ein offenes Ohr für die Sorgen und Nöte seiner Mitmenschen und gab ihnen seinen weisen Rat.

Einige waren jedoch neidisch auf diesen weisen Mann, und so beschlossen sie eines Tages, ihm eine Falle zu stellen. Gemeinsam grübelten sie und fanden dann eine Möglichkeit.

Sie suchten eine kleine Maus und hielten sie gefangen. Mit dieser Maus in der geschlossenen Hand sollte einer von ihnen zu dem weisen Mann gehen und ihn fragen: »Was halte ich in meiner Hand?«

Würde er die richtige Antwort sagen, wollten sie ihn weiterfragen: »Ist das, was ich in der Hand halte, lebendig oder tot?« Würde der weise Mann antworten: »Es ist lebendig«, dann würde derjenige seine Hand so fest zudrücken, daß die Maus tot sei. Würde der weise Mann sagen: »Es ist tot«, dann könnte er die Hand öffnen, und die Maus würde lebendig herausspringen.

Mit diesem Plan gingen sie zu dem weisen Mann und stellten ihm die erste Frage. Der weise Mann antwortete ihnen, wie sie erwartet hatten: »Was du in deiner Hand hältst, kann nur etwas ganz Kleines sein, eine kleine Maus könnte es sein!«

Die anderen stellten daraufhin ihre zweite Frage: »Das kann gut sein, daß in der Hand eine kleine Maus ist, aber kannst du uns sagen, ob die Maus lebendig oder tot ist?«

Und der weise Mann überlegte kurz, schloß dabei die Augen und murmelte ein paar unverständliche Worte vor sich hin. Die anderen Männer schauten sich siegessicher an. Da öffnete der weise Mann seine Augen und blickte der Reihe nach in die Augen der Männer und sagte zu dem einen: »Ob das, was du in der Hand hältst, lebt oder tot ist, liegt ganz allein in deiner Hand!«

(Quelle unbekannt)

SCHRIFTTEXT

Sir 33,13   Der Mensch in der Hand des Schöpfers

GEBET

In Gottes Hand (nach Psalm 139)

Von allen Seiten umgibst du mich
und hältst deine Hand über mir.

Gott, du kennst mich.
Du achtest auf mich.
Nie gibst du mich verloren.

Ich sitze oder stehe,
ich liege oder gehe,
du hältst deine Hand über mir.

Von allen Seiten umgibst du mich
und hältst deine Hand über mir.

Alle meine Wege sind dir bekannt.
Alles, was ich denke und sage:
Du kennst es.
Mein ganzes Leben liegt offen vor dir.

Wenn ich in Schwierigkeiten bin,
willst du mich begleiten.
Wenn ich nicht aus noch ein weiß
und mich am liebsten verstecken möchte,
so bleibt dir meine Not nicht verborgen.

Von allen Seiten umgibst du mich
und hältst deine Hand über mir.

Du achtest auf mich.
Nie gibst du mich verloren.

Von allen Seiten umgibst du mich
und hältst deine Hand über mir.

Der Kehrvers kann auch gesungen werden: vgl. Erdentöne Himmelsklang 118

LIEDVORSCHLÄGE

EH 74	»Du bist da, wo Menschen leben«
EH 118	»Von allen Seiten umgibst du mich«
EH 121	»Meine Zeit steht in deinen Händen«
EH 181	»Gott gab uns Atem«
Tr 91A	»He's got the whole world«

Das Spiritual »He's got the whole world in his hand« kann auf die Situation der Schüler umgetextet werden: »He's got the pupils and the teachers in his hand; He's got the whole school in his hand.«

Ulrike Prießnitz

Hand in Hand in Gottes Hand

THEMA

Der Einschulungsgottesdienst für die fünfte Klasse muß auf die Situation der Kinder der fünften Klassen eingehen. Oft aus verschiedenen Schulen, Orten, Wohngegenden, Grundschulklassen zusammengewürfelt, brauchen sie Sicherheit, Halt und Gemeinschaft. Die Geborgenheit der Grundschulzeit muß nach dem Wechsel in die fünfte Klasse erst wieder neu gefunden werden.
Der Aufnahmegottesdienst soll die Kinder herzlich begrüßen, stärken und ihnen Mut machen. Dies geschieht bei Kindern am schnellsten dadurch, daß sie mitbeteiligt werden, ohne etwas sagen zu müssen.
Das Symbol »Hand« ist die Leitidee des Gottesdienstes und zwar in dreierlei Hinsicht:
Mit der Hand werden wir begrüßt, wenn wir irgendwo ankommen.
Mit den Händen kann ich mich mit meinen Nachbarn verbinden zu einer neu beginnenden Gemeinschaft.
Ich darf mich bei jedem Schritt meines Lebens in Gottes Hand geborgen fühlen, die mich tragen und halten will.
Den Klassenlehrern und -lehrerinnen der fünften Klassen wird nahegelegt (evtl. in einem Rundschreiben der Religionslehrer und -lehrerinnen), die Namensschildchen für die ersten Schulwochen ebenfalls mit einer Hand zu gestalten. So soll die Verbindung zwischen Gottesdienst und Klasse hergestellt werden.

GESTALTUNGSELEMENTE

Begrüßung

Die Einführung in den Gottesdienst kann mit einem Anspiel durch Schüler und Schülerinnen beginnen, was man mit den Händen alles machen kann. Das wird fortgeführt durch das Vor-

lesen von verschiedenen Begriffen, die alle mit der Hand zu tun haben.

Vieles tun wir mit unseren Händen, vieles hat mit unseren Händen zu tun. In vielen Wörtern ist die Hand enthalten, auch in Redewendungen und Sprichwörtern: behandeln, handeln, in die Hand nehmen, Hand anlegen, handgreiflich werden, etwas hat Hand und Fuß, Händedruck, Handauflegung, von der Hand in den Mund leben, Handschellen, mir sind die Hände gebunden, händeln, die Hände in Unschuld waschen, Handschuhe, Handarbeit ... Ich möchte euch herzlich einladen, euren Nachbarn rechts und links die Hand zu reichen und sie zu begrüßen. Herzlich willkommen!

Aktion nach der Lesung

Vorbereitung: Eine überdimensionale Hand wird auf ein großes Plakat gemalt und von weitem gut erkennbar aufgehängt. Pro Schüler wird ein DIN-A5-Bogen farbiges Tonpapier bereitgelegt, evtl. für jede Klasse eine Farbe festgelegt. Scheren, Stifte und Klebstoff werden bereitgehalten.
Beim Ankommen werden die Schüler und Schülerinnen aufgefordert, ihre Hand auf das Tonpapier zu zeichnen und auszuschneiden.

Nach der Lesung (Jes 49,15–16a) findet eine kurze Überleitung statt:

Der Prophet Jesaja erzählt etwas, das ihr alle schon wißt: Eure Eltern haben euch nicht vergessen, viele haben euch heute sogar hierherbegleitet. Aber morgen werdet ihr allein hierherkommen. Davon spricht der Prophet Jesaja. Eure Eltern werden euch zwar morgen nicht vergessen, das kann ich mir nicht vorstellen. Aber Jesaja weiß, daß es Tage, Momente, Sekunden gibt, in denen wir uns allein fühlen. Vielleicht haben wir dann sogar das Gefühl, alle anderen haben mich vergessen oder übersehen mich.
Besonders dann ist es tröstlich zu wissen, daß es da einen gibt, der mich niemals vergißt. In Gottes Hand sind wir eingeschrieben, unverwechselbar, so wie wir sind. Das wollen wir heute an eurem ersten Tag in der neuen Schule nicht nur hören, denken, wissen, sondern auch sehen: Wir alle sind in Gottes Hand ge-

borgen. Für Sie, liebe Eltern, ist es vielleicht auch tröstlich und ermutigend, sich wieder einmal daran zu erinnern, daß Ihr Kind nicht allein gehen muß, auch wenn Sie nicht dabei sein können. Ich lade euch Kinder nun ein, Reihe für Reihe nach vorn zu kommen und eure mitgebrachte Hand mit eurem Namen in unsere große Hand einzukleben. Wer an den Platz zurückgekehrt ist, darf sich mit seinen Händen zu einer Kette mit den Nachbarn verbinden. Dazu singen wir abwechselnd die zwei Strophen des Liedverses »Reich mir Nachbar deine Hand«.

Reich mir Nach-bar dei-ne Hand, dei - ne
1. brü - der - li - che Hand, mit al-lem was sich
2. schwester - li - che
regt in mir, den Frieden wünsche ich dir!

Das fertig gestaltete Plakat soll gut sichtbar in der Aula der Schule eine Zeitlang hängenbleiben.

SCHRIFTTEXT

Jes 49,15–16a   In Gottes Hand eingezeichnet

FÜRBITTEN

Gott, du hast alle in deine Hand eingezeichnet. Dort sind wir aufgehoben mit unserer Freude und unserer Trauer, mit unserer Angst und unserer Zuversicht, mit dem, was uns beflügelt und was uns belastet. Heute am Beginn eines neuen Schuljahrs bitten wir:

– Wir bitten für die Schüler und Schülerinnen, die heute neu an diese Schule kommen: daß sie hilfsbereite und offene Hände finden, die ihnen den Weg in die Schulgemeinschaft zeigen.

– Wir bitten für unsere Lehrer und Lehrerinnen: daß sie ein gutes Händchen haben für uns Schüler und daß die Freude am Unterrichten auch nach frustrierenden Erfahrungen immer wieder zurückkehrt.
– Wir bitten für unsere Eltern: daß sie vertrauensvoll unsere Wege begleiten. Daß sie mit uns Kindern Enttäuschungen und Durststrecken durchstehen und sich mit uns über Gelungenes und Bestandenes freuen.

Gott, das Bild deiner großen Hand mit unseren kleinen Händen soll uns daran erinnern, daß wir in unserem Schulalltag deine Geborgenheit erfahren können. Wir danken dir für deine stets offene Hand, heute am ersten Schultag und an allen weiteren Schultagen. Amen.

GEBET

Guter Gott, wir beginnen heute neu an dieser Schule. Manche hier sind ganz aufgeregt, andere froh und gespannt, wieder andere ängstlich. Manche spüren das sogar an ihren Händen: Die einen Hände fühlen sich kalt an, andere heiß und feucht, wieder andere sind ganz zittrig. Wir bitten dich, nimm uns alle in deine Hand und laß uns hier Freunde finden und auf Lehrer treffen, die mit uns Hand in Hand gehen. Amen.

LIEDVORSCHLÄGE

Tr 91	»Er hält das Leben in der Hand«
EH 60	»Herr, wir bitten, komm und segne uns«
EH 170	»Gib mir deine Hand«

Beate Brielmaier

Wenn wir jetzt weitergehen

Am Ende des Schuljahrs

Abschließen und Aufschließen

THEMA

Man muß eine Sache, einen Lebensabschnitt, ein Schuljahr abschließen. Der Gottesdienst zur Schulentlassung oder zum Schuljahresende hat darum auch notwendigerweise den Charakter eines Abschlußrituals. Aber ein Gottesdienst, der in der christlichen Tradition gefeiert wird, darf nicht nur abschließend nach rückwärts wirken, er muß aufschließend das Leben nach vorne ausrichten: Erinnerung und Verheißung heißen die beiden theologischen Kategorien dafür. Das Wortspiel vom Abschließen und Aufschließen kann leicht weitergesponnen werden: abgeschlossen – beendet, abweisend, verriegelt, vernagelt, zugeknöpft; aufgeschlossen – offen, erwartungsvoll, bereitwillig ...

Abschließen: Beenden, zurückweisen, verriegeln, vernageln, zugeknöpft sein, hinter sich lassen; das Gute mitnehmen; das Schlechte zurücklassen; in Ordnung bringen, was schlecht gewesen ist.
Bisher hat man euch viele Türen geöffnet: Ich weiß nicht, wie das in Zukunft sein wird.

Aufschließen: Offen, erwartungsvoll, bereitwillig sein, durch neue Türen gehen; hinter sich lassen; allein gehen; gespannt sein; sich nicht ängstigen; aufgeschlossen sein für neues Leben; neue Gedanken; neue Meinungen; neue Erkenntnisse.

Zukunft: Türen werden euch geöffnet. Warten an den Türen. Klopfen an den Türen. Nicht mit Gewalt Türen einrennen. Aber mutig gehen, wenn sie offen sind!

Selbst aufgeschlossen sein für das Neue; für Menschen; für neue Erfahrungen und Meinungen, neues Können; für neue Lebensbereiche.

Aufgeschlossen für Gott: ER ist aufgeschlossen für euch; die Tür zu IHM ist immer und überall offen. Je öfter wir durch sie hindurchgehen, um so vertrauter wird das Verhältnis zwischen uns und IHM.

GESTALTUNGSELEMENT

Anspiel

Personen: Sprecher/in; vier Schüler/innen
Requisiten: Eine Tür, durch die man gehen kann. Schulbücher für Deutsch, Mathematik, Geschichte, Geographie; Physik; Sporthemd; Werkzeug; gemaltes Bild; kurzum: für jeden einzelnen Lernbereich ein Symbol.
Wenn der Aufwand zu groß ist, eine begehbare Tür in den Gottesdienstraum zu stellen, könnte man auch auf den Schlüssel als Symbol ausweichen. Man müßte dann das Anspiel entsprechend umformulieren.

Sprecher/in: Heute schließen wir die Zeit an unserer Schule ab. Wir machen die Türen, durch die wir jeden Tag gegangen sind, zu!

(1. Schüler/in geht durch die Tür und knallt sie zu)
Der eine knallt die Tür zu – endlich draußen!

(2. Schüler/in geht durch die Tür und macht sie ganz zaghaft zu)
Der andere macht die Tür ganz zaghaft zu – eigentlich schade, daß wir alle auseinandergehen.

(3. Schüler/in geht durch die Tür und läßt sie offen)
Der dritte läßt die Tür hinter sich einfach offen – wird schon irgendwie weitergehen.

(4. Schüler geht durch die Tür und bleibt stehen)
Ein vierter bleibt unter der Tür stehen: Er weiß, ein Weg liegt hinter ihm, ein Weg liegt vor ihm.

Sprecher/in: Vor ein paar Jahren sind wir an die Schule gekommen, schüchtern, zaghaft, aufgeregt, gespannt oder sonst irgendwie.
Eine Menge Stoff haben die Lehrer uns aufgeschlossen. Wir haben ihn kapiert oder nur aus-

wendig gelernt oder schon wieder vergessen, oder er hat uns gleich gar nicht interessiert. Einen Türspalt weit wurde uns aufgeschlossen:

1. *Schüler/in:* Die Welt der Sprache

2 *Schüler/in:* Die Welt der Zahlen

3. *Schüler/in:* Die Welt der Kunst

4. *Schüler/in:* Die Welt der Religion

1. *Schüler/in:* Die Welt der Naturwissenschaft

2. *Schüler/in:* Die Welt des Sports

3. *Schüler/in:* Die Welt der Technik

4. *Schüler/in:* Die Welt der Geschichte

Sprecher/in: Unsere eigene Welt – unsere Geschichte, unsere Erde, unser alltägliches Leben. Wir wissen noch nicht, was wir davon brauchen. Wir wissen noch nicht, was uns davon trägt.

Sprecher/in: Wir waren eine Klasse. Wir sind zu einer Gemeinschaft geworden. Jetzt gehen wir auseinander.

1. *Schüler/in:* Manchmal waren wir füreinander aufgeschlossen, manchmal eher zugeknöpft.

2. *Schüler/in:* Manchmal waren wir gut zueinander, manchmal hat es Streit gegeben.

3. *Schüler/in:* Manchmal haben wir einander geholfen, manchmal waren wir einander egal.

4. *Schüler/in:* Manchmal haben wir uns verstanden, manchmal waren wir uns fremd.

Sprecher/in: Jetzt schließen wir die Zeit an unserer Schule ab. Wir machen die Tür hinter uns zu, wir gehen weiter:

1. *Schüler/in:* Wir nehmen mit, was uns gefallen hat.

2. Schüler/in: Wir nehmen mit, was wir gelernt haben.

3. Schüler/in: Wir lassen zurück, was uns schwergefallen ist.

4. Schüler/in: Wir lassen zurück, was schlimm gewesen ist.

Sprecher/in: Eine Tür geht zu. Die nächste Tür geht auf. Wir schließen ab. Wir sind aufgeschlossen.

SCHRIFTTEXT

Joh 10,1–10   Ich bin die Tür

GEBETE ZUM EINGANG

Unser Herr Jesus Christus sagt:
Ich bin die Tür.
Zu ihm sprechen wir:
Herr, du weißt, wir suchen nach Leben,
nach Freiheit und Selbstverwirklichung.
Wir haben Pläne und Vorstellungen von
einem glücklichen Leben in uns.
Aber wir wissen auch, von der Mühe,
vom Scheitern, vom Aufgeben, vom Fallen.
Sei du die Tür in unserm Leben,
laß uns aufgeschlossen sein für alles,
was uns weiterbringt und uns zum Leben verhilft.
Dir sei Lob und Ehre in Ewigkeit. Amen.

LIEDVORSCHLÄGE

EH 61	»Komm, Herr, segne uns«
EH 187	»Machet die Tore weit«
EH 190	»Wir suchen den Weg«
Tr 144	»Den Weg wollen wir gehen«

Anton Seeberger

Ein Weg mit Steinen und Blumen

THEMA

Wie geht es den Schülerinnen und Schülern am Ende eines Schuljahrs? – Wohl alle freuen sich auf die schulfreie Zeit, und doch sind wahrscheinlich einige unter ihnen, deren Probleme ziemlich groß geworden sind. In diesem Gottesdienst zum Schuljahrsende geht es deshalb um ein paar Beispiele für solche Probleme, verbunden mit der Aussage, daß Veränderungen möglich sind. Oft sind große Überwindung und Ausdauer für einen Veränderungsprozeß nötig. Die Schülerinnen und Schüler sollen zu einem Weg ermutigt werden, auf dem das Leben besser werden kann. Mit Hilfe der Symbole »Weg«, »Stein« und »Blume« wird ihnen die Möglichkeit dieses besseren Lebens ganzheitlich vermittelt.

Vorbereitungen

Einige Zeit vorher: Die drei Szenen einüben (den vorgegebenen Inhalt frei gestalten lassen), eventuell Lieder mit Musikgruppe der Schule einüben, Lieder in den Klassen oder Religionsgruppen singen, Liedblätter anfertigen.
Vor dem Gottesdienst: Einen langen Weg mit Zweigen von hinten beginnend am Altar vorbei legen, mit offenem Ende; am Anfang des Weges Körbe mit Steinen hinstellen (so viele wie Schülerinnen und Schüler); auf dem Altar: leere Körbe für diese Steine, eine große Vase mit Wiesenblumen (ohne Wasser, so viele wie Schülerinnen und Schüler) und ein großes, einfaches Kreuz; eine Schulbank mit Stühlen vorne aufbauen.

GESTALTUNGSELEMENTE

Anspiel

Im Anschluß an das Lied »Die Antwort weiß ganz allein der Wind« wird mit einem Stein in der Hand eine Einführung gegeben:

Wenn wir an den Kummer denken, von dem wir gerade im Lied gesungen haben, dann sind die meisten unserer eigenen Sorgen wie dieser Stein: Nichts Besonderes, nicht einmal besonders groß, kurzum – unbedeutend. Damit werde ich spielend fertig. *(hochwerfen)* Was aber, wenn zu diesem Stein ein zweiter kommt – und noch einer – und noch einer? Dann wird aus der Vielzahl von großen und kleinen Steinen plötzlich eine Last, eine unbequeme, ja sogar eine beschwerliche Last, die ich mit mir herumtrage. Einige Schülerinnen und Schüler zeigen euch jetzt drei Beispiele, an denen wir erkennen können, daß wir alle »belastet« sind.

Drei Szenen: – schlechte Arbeit
– Streit mit dem Banknachbar
– Streit zu Hause wegen Hausaufgaben
Alle Personen haben Steine mit einer Schnur um den Hals hängen.

Übertragung der Schrifttexte auf die Szenen

In dieser biblischen Geschichte taucht ein großes Problem auf, und die Menschen reagieren so, wie wir es ganz gut von uns selber kennen. Es wird gemault, gemeckert und die Schuld auf einen anderen geschoben. Keiner glaubt an eine Lösung, niemand macht sich auf den Weg, um Wasser zu suchen. Wäre Mose nicht gewesen, hätten alle verdursten müssen. Er glaubt an Rettung, nicht weil ihm das sein gesunder Menschenverstand eingibt, nein, nur weil er Vertrauen zu Gott hat. Gott zeigt ihm den Weg, den er gehen muß. Das gilt auch für uns. Es gibt Wege, die uns aus unseren Nöten herausführen können, auch wenn wir uns das oft gar nicht vorstellen können. Wenn wir das Problem angehen und nicht die Schuld auf andere schieben, dann kann es beseitigt werden, und das Leben wird besser. Bildlich gesprochen heißt das: Wenn wir uns mit unserem Stein auf den Weg machen, dann können wir ihn irgendwann ablegen und eine Blume dafür mitnehmen. Gott ist mit uns auf diesem Weg. Unsere »Schauspieler« werden uns das jetzt vormachen.

Sie gehen den Weg aus Zweigen, legen ihren Stein am Altar ab und nehmen sich dafür eine Blume. Dazu wird gesungen: »Ich möcht, daß einer mit mir geht«.

Meditativer Weg: Steine zu Blumen

Wir wissen nicht, wie die Lösungswege in den drei Szenen aussehen. Wir glauben aber, daß irgendwelche Wege möglich sind. Das gilt für uns alle, und deshalb werden wir jetzt alle diesen Weg gehen. Ihr kommt bankweise heraus und nehmt euch einen Stein aus einem Korb. Dann geht ihr einzeln, mit ein wenig Abstand, in Stille langsam diesen Weg, legt den Stein in einen der Körbe auf dem Altar und nehmt euch eine Blume mit. Ihr könnt sie pressen und als Hoffnungszeichen irgendwo aufkleben oder verschenken.

SCHRIFTTEXTE

Ex 17,1–4   Wassernot in der Wüste
Ex 17,4–7 und Num 20,1   Wasser aus dem Felsen

GEBET

Guter Gott, du kennst unsere Steine: Sorgen, Nöte, Ängste. Du willst, daß wir sie nicht ewig behalten, sondern mit ihnen aufbrechen. Nicht immer wird der Weg, den wir zu gehen haben, für uns leicht sein. Wachsamkeit, Ausdauer, Mut und Cleverness können wichtig werden. Wie auch immer er aussehen mag, dein Weg führt uns zum Selbstvertrauen und zur Liebe, er führt uns zur inneren Freiheit. Guter Gott, wir bitten dich, zeig uns unseren Weg, den wir oft schlecht erkennen können. Begleite uns, vor allem, wenn es beschwerlich wird. Hilf uns, damit aus unseren Steinen Blumen werden können. Amen.

LIEDVORSCHLÄGE

Tr 198	»Die Antwort weiß ganz allein der Wind«
Tr 193	»Wechselnde Pfade«
Tr 65	»Immer auf Gott zu vertrauen«
Tr 292	»Ich möcht, daß einer mit mir geht«

Barbara Schaupp

Ich und mein Weg

THEMA

Heute ist der letzte Schultag. Deshalb wollen wir im Schuljahrsabschlußgottesdienst auf die zurückgelegten Wege schauen. Schon die optische Gestaltung des Gottesdienstraumes stimmt die Schülerinnen und Schüler ein, ganz persönlich über ihren zurückgelegten Weg nachzudenken. Auf dem Weg durchs Schuljahr gab es Etappen, die schwer durchzustehen waren; Etappen, auf denen die schulischen Leistungen zu wünschen übrig ließen; Etappen, auf denen die persönlichen Beziehungen zu den anderen Mitschülerinnen und Mitschülern nicht gerade positiv bewertet werden konnten. Es gab aber auch Etappen, die Spaß machten und motivierend waren. Am Ende des Schuljahres geht auch der Blick in die Zukunft: Welche neuen Wege erwarten mich? Wer begleitet mich? Wie komme ich gut durchs neue Schuljahr? Die Weggeschichte des Volkes Israel durch die Wüste von Ägypten ins gelobte Land steht beispielhaft für all unsere Wege und macht Schülerinnen und Schülern Hoffnung, neue Wege zu gehen, gerade auch in der Zuversicht, daß Gott mit uns geht, wie er es einst bei seinem Volk Israel getan hat.

Vorbereiten: Eine Plakatwand mit den Fußabdrücken der Schülerinnen und Schüler, eine Leiter, Palmen und ein Berg Schuhe werden in den Raum gestellt.
Für das Sockentheater hat eine Gruppe Schülerinnen und Schüler die Stationen der Exodusgeschichte auf ein Leintuch gemalt.

GESTALTUNGSELEMENTE

Begrüßung

Guten Morgen und herzlich willkommen beim Schülergottesdienst. Unser Raum hat sich verändert *(deutet auf den Berg*

Schuhe, die Leiter, die Palmen) – und ich kann euch so viel verraten, daß es heute um das Thema »Wege« geht, und zwar um Wege in unserer Schule, um Wege, die das Volk Israel gegangen ist, und um Wege, die ihr vielleicht schon gegangen seid oder vielleicht noch gehen werdet.
Das kann jeder für sich herausfinden. Ihr seid jedenfalls dabei! Eure Spuren habt ihr bereits hier schon hinterlassen *(deutet auf Plakatwand)*. Und so bin ich gespannt auf diesen Gottesdienst, den wir beginnen
im Namen Gottes, der Himmel und Erde gemacht hat.
Im Namen Jesu, der uns auf unseren Wegen begleitet, und
im Namen des Heiligen Geistes, der uns immer wieder stärkt und ermutigt.
»Ich und mein Weg« – manchmal geht's mir gut. Ich bin einfach gut drauf. Und manchmal geht's mir nicht so gut. Meine Schritte sind dann eher schleppend und schwer. Wir sehen dazu eine Tanzpantomime von Schülerinnen der Klasse 8.

Tanzpantomime als Anspiel

Das Anspiel wird mit entsprechenden Geräuschen unterlegt (z. B. von Geräusch-CD 1/84).

Ring Ring Ring ... *(Wecker rasselt)*

6.00 Uhr: Alles wie gewohnt! *(Geräusche: Dusche, Zähneputzen, Toilette)*

Alles wie gewohnt? Ei cool – heute ist ja der letzte Schultag. Kein Wunder, daß da sogar das Aufstehen nicht schwerfällt. Ich bin total gut drauf. Mir geht's echt gut. Ich könnte einfach nur tanzen.

Tanz – (neueste Bravo Hits-CD 1/16) ca. 45 sec.
Musik bricht abrupt ab. Alle bleiben wie erstarrt stehen.

Wenn ich an das letzte Schuljahr denke, war das nicht immer so: Ich erinnere mich noch gut daran, wie ich mich gefühlt habe, als ich eine Zeitlang nur schlechte Noten bekam. Ich traute mich mit den Noten gar nicht mehr nach Hause und hatte Angst, sitzenzubleiben.
Alles war wie ein Berg vor mir *(Leiter hochsteigen)*.

Jeder Schritt fiel mir schwer *(schleppende Schritte)*.
Dazu kam noch, daß meine Eltern ziemlich Streß hatten. Das alles machte mich voll down. Ich wollte einfach nur weg *(fliehende Bewegung, jeder flieht in eine Ecke und verkriecht sich)*.

Manchmal war es in der Klasse richtig cool. Wir lachten und hatten viel Spaß zusammen – bei Parties, im Schullandheim und in den Pausen.

Dann wieder gab es Momente, in denen ich mich ausgeschlossen fühlte *(jemand wird mit Füßen aus der Runde gestoßen)*.
Die anderen zeigten auf mich und lachten sogar über mich, weil ich keine Buffaloes anhatte, sondern nur Sandalen *(mit Fingern auf die am Boden Liegende zeigen)*.

Ich versuchte immer wieder, in die Klasse reinzukommen, aber irgendwie klappte es nicht. Alles hatte sich gegen mich verschworen. *(Sie versucht erfolglos in den Kreis hineinzukommen; zwischen ihr und den anderen scheint sich aber eine Wand aufzubauen.)*
Und obwohl ich nicht alleine war, fühlte ich mich einsam und wurde von den anderen aus meiner Klasse nicht beachtet. *(Sie steht im Kreis – die anderen laufen um sie herum und beachten sie nicht.)*

Manchmal sind meine Schritte leicht und beschwingt,
manchmal gehe ich mit dem Strom und manchmal dagegen,
manchmal fliege ich wie auf Wolken, weil ich verliebt bin *(Musik: Pretty woman)*,
aber manchmal sind meine Schritte auch schleppend und schwer,
und manchmal werde ich mit Füßen getreten.

Wie wohl das nächste Schuljahr sein wird?
Was werde ich erleben? Welche neuen Wege werde ich gehen und wer wird mich dabei begleiten?

Schlußmusik: The Final Count Down

Predigtspiel: Der Auszug aus Ägypten

Die Exoduserzählung wird mit Hilfe der Methode des »Sockentheaters« vorgeführt. Ein Leintuch ist mit den Stationen der Exo-

dusgeschichte bemalt. Bei jeder Station wurde das Tuch eingeschnitten, damit die »Füße« (= Hände, die Socken übergestreift haben) von Moses und seinen Leuten durchpassen. Die »Füße« bewegen sich jeweils pantomisch zum Text. Das Leintuch muß so befestigt werden, daß die Spieler dahinter stehen können und von vorne nur ihre Sockenhände sichtbar sind.

Wir haben eine lange, gemeinsame Wegstrecke durch das letzte Schuljahr hinter uns. Jetzt gehen wir in die Ferien. Wir sind bisher nicht allein gegangen, und wir werden auch in den Ferien nicht alleine sein – auch wenn wir die Zeit mit anderen Menschen verbringen werden als die Schulzeit. Einer bleibt immer bei uns: Gott. Er begleitet unsere Wege. Das hat er uns versprochen, und die Erfahrung der Menschen bestätigt dies. Eine dieser Weg- und Begleitungsgeschichten möchten wir euch erzählen und zwar aus der Sicht derer, die diese Wege schließlich gehen müssen: unsere fröhlich-hüpfenden, mühsam gehenden, mal schnellen, mal langsamen Füße.

Szene	Lesetext	Sprechtext der Füße
Mose bekommt kalte Füße	Mose, das jüdische Findelkind wächst im Palast des Pharao auf. Er ist ein sehr gerechter Mensch. Eines Tages sieht er seine Landsleute bei der mühsamen Arbeit und beobachtet, wie ein Aufseher auf einen Israeliten einschlägt. (M)	M = Füße des Mose S = Jahwe F = Füße des Volkes M: Mann, sind die arm dran. Da muß ich einfach hingehn und helfen!
	Mose wird zornig und erschlägt den Aufseher. (S)	S: Hey, Mose, doch nicht so brutal!
	Aus Angst vor der Strafe muß er fliehen. (M)	M: Jetzt aber schnell weit weg von hier!

Mose wird der Boden zu heiß unter den Füßen	Mose flieht ins Land Midian. Beim Schafhüten sieht Moses einen Baum, der brennt und doch nicht brennt. (M)	
		M: Das haben wir ja noch nie erlebt. Komm, gehen wir näher hin!
	Mose hört eine Stimme, die ihn ruft. Er wagt nicht hinzuschauen, aber er hört genau zu. (S)	
		S: Komm nicht näher. Zieh deine Schuhe aus. Du stehst auf heiligem Land. ICH bin hier, der Gott Abrahams, Isaaks und Jakobs.
	Er bekommt den Auftrag, wieder zurück zu seinem Volk zu gehen und es aus dem Elend wegzubringen in ein besseres Land. Mose erschrickt bei dem Gedanken, daß ausgerechnet er zum Pharao gehen soll. (M)	
		M: Sollen wir das wirklich tun, Mose? Worauf läuft das hinaus? Wieder fliehen, wieder eingesperrt und gefesselt werden?
	Mose glaubt immer noch nicht, daß er den Auftrag ausführen kann, aber er macht sich auf den Weg. (M)	
		M: Komisch, vorher war doch der Sand noch ganz heiß unter den Füßen – jetzt gehe ich wie auf Wolken. Ich spüre kühles Gras und Morgentau ...

Mose geht zum Pharao	Mose erzählt seinem Volk von seinem Plan und daß Gott ihnen helfen wird. Die Menschen freuen sich. Mose geht dann zum Pharao und fordert von ihm, das Volk Israel freizulassen. Aber die Israeliten mußten danach nur noch mehr und schwerer arbeiten. (F) Gott sah dieses Unrecht und machte sein Versprechen wahr.	F: Das haben wir jetzt davon ... am Abend konnten wir schon immer nicht mehr gehen, aber jetzt sind wir morgens schon fix und fertig.
Das Fest	Doch das Herz des Pharao blieb hart. Trotzdem begannen die Israeliten Pessach zu feiern, den Abschied aus Ägypten. In den israelitischen Häusern wurde alles für die Flucht vorbereitet. In den ägyptischen Häusern aber starben die ältesten Söhne. Erst jetzt bekam der Pharao das kalte Grausen und schickte die Israeliten fort. (F)	Alle: Juhuuu, endlich frei ...!!!
Mose geht. Aber nicht alleine.	Mose wollte in das Land, das ihm von Gott verheißen wurde, Kanaan. Auch jetzt war Gott bei ihnen und führte sie. Mit Mose zog das ganze Volk. (F)	M: Auf, los, tretet in meine Spuren ...

Geht, so schnell ihr könnt	Als sie am Roten Meer angekommen waren, bemerkten sie, daß die Ägypter sie verfolgten. Wo vorher kein Weg war, entdeckte Mose doch noch einen Ausweg, und sie zogen auf trockenem Weg durch sumpfiges Land. (F) Die Ägypter aber gingen unter in ihrem blinden Eifer. Wieder in Sicherheit führten die Menschen Freudentänze auf.	F: Igitt igitt, so ein Schlamm und Sumpf ... aber immer noch besser, als von den Ägyptern zertrampelt zu werden.
Bergsteigen, und das dreimal	Mose stieg auf den Berg Sinai hinauf, denn er wußte: dort würde ihn etwas Wichtiges erwarten ... (M) Gott gab ihm zehn Wegweiser: die zehn Gebote. Mose erzählte seinem Volk diese Gebote, und die Israeliten waren begeistert. Endlich wußten sie, wo's lang geht. Aber das Volk vergaß bald wieder, was es versprochen hatte, und machte sich selbst bequemere und sichtbare Götter um die man herumtanzen kann: ein Goldenes Kalb. (F) Mose wurde ziemlich sauer und mußte also nochmals rauf auf den Berg. (M)	M: Uff, steil und steinig. Aber uns zieht's einfach hoch auf den Berg. G'rade so, wie damals beim Dornbusch. F: Ole ole ole ole, wir sind ... M: So eine Sauerei. Immer müssen wir's büßen, wenn andere einen Affentanz aufführen!

Noch einmal schrieb er alle Gebote auf, und sie errichteten ein großes Zelt, in dem die Gebote in einer goldenen Truhe aufbewahrt wurden. Jetzt hatten auch die Israeliten etwas Heiliges wie die anderen Völker und doch etwas viel Wertvolleres als ein Goldenes Kalb.

Irren und Verirren	Die Israeliten irrten vierzig Jahre in der Wüste umher. Aus dem gemeinsamen Weg wurde ein Weg voller Fußtritte und Fouls. (F)	F: Hey, du hast mich getreten – nein, das war der da ... Ich mag nicht mehr ... Wer hat da wieder Käsefüße? ...
Einzug ins gelobte Land	Nach langer Zeit lagerten sie vor dem Land, das ihnen versprochen war. Nun waren sie um einiges schlauer geworden und hörten auf Mose. (M) Mose aber versagten die Füße den Dienst: Er war zu alt und zu müde, um noch in das versprochene Land einziehen zu können. Doch Gott war seinem Mose treu, auch über den Tod hinaus. (M)	M: Vergeßt eure Erfahrungen nie, vor allem glaubt fest daran, daß Gott immer mit euch gehen wird! M: Es war eine schöne Zeit, voller Abenteuer, und wir sind ganz schön in der Welt herumgekommen. Aber jetzt wird's uns noch besser gehen als beim Dornbusch, noch besser als damals auf dem Berg ...

SCHRIFTTEXT

Buch Exodus   Der Auszug aus Ägypten

GEBET

Guter Gott,
es gibt viele Wege: Schul-Wege. Wege zum Treff mit Freunden. Wege, die wir umsonst gehen. Wege ins Abenteuer ...
Du bist bei uns, willst Wegbegleiter sein.
Jesus,
wir treffen viele Entscheidungen: Wo geht's lang in meinem Leben?
Mit wem gehe ich gerne durchs Schuljahr? Mit wem treffe ich mich in den Ferien?
Du hast uns gezeigt, was wahre Freundschaft ist.
Du bist unser Weg-Weiser unter den Menschen.
Geist Gottes,
viele Wege stehen uns offen. Du öffnest uns Möglichkeiten, wo wir nicht mehr weiterwissen. Du ebnest Wege dort, wo alles zu schwierig erscheint. Am liebsten zeigst du uns aber den Weg in die Freiheit.
Für all das danken wir: dem Vater, dem Sohn, dem Heiligen Geist.

LIEDVORSCHLÄGE

EG 603	»When Israel was in Egypt's land«
EH 132	»Laß uns in deinem Namen, Herr«
EH 110	»Bewahre uns Gott«
EG 656	»Wir haben Gottes Spuren festgestellt«

Gabriele Gostner-Priebe

Keinen Wein mehr – oder »Flasche leer«

THEMA

Ausgehend von einem Wutausbruch des bekannten italienischen Fußballtrainers Signor Trappatoni, der nach einem blamablen Spiel von Bayern München in gebrochenem Deutsch seine Stars mit »Flasche leer« beschimpfte, ist dieser Schulgottesdienst entstanden.

Bezugnehmend zur Hochzeit von Kana befanden sich zu dieser Zeit die Stars von Bayern München keineswegs in einer »Hoch-Zeit«, sondern in einem Formtief – in einer Tiefzeit. Ihnen ging, bildlich gesprochen, der Wein aus. Ihre Krüge, die sonst voll sind mit dem Wein ihrer Spielfreude, ihrer Kondition, ihres Könnens, ihrer Taktik, ihrer Spielkunst und ihrer Spielideen, ihres Einsatzes und ihrer Cleverness, waren erschöpft und leer. Und noch nicht genug, die Stars taten auch nichts dafür oder dagegen, ihre Krüge oder ihre »Flaschen« zu füllen. Sie brachten ihre Möglichkeiten nicht ein, die sie normalerweise »drauf«hatten. Hätten sie sich wenigstens voll und ganz bis zum Rand ihrer Möglichkeiten eingesetzt, wäre ihr Trainer wohl nicht so ausgerastet. So wenig Bayern München mit seinem Starensemble gewinnen kann, wenn der Saft bei den Spielern ausgeht und sie zugeben müssen: »Wir haben keinen Wein mehr, unsere Krüge und unsere Flaschen sind leer«, so wenig klappt es auch in der Schule. Fehlt hier die Motivation, die Begabung, der Fleiß, die Freude am Lernen und der nötige Einsatz, so ist auch jeder Krug, jede Flasche leer. Wird aber viel Fleiß eingesetzt und geht jeder Schüler bis zum Rand seiner Begabungsmöglichkeiten, dann fließt köstlicher Wein und auch die Schule erlebt so Hochzeiten – mitten im Schulalltag.

Rückblickend auf das Jahr soll in diesem Gottesdienst nach Hoch- und Tiefzeiten geschaut werden, nach Zeiten, in denen blumiger Wein Freude ausstrahlte, und nach Zeiten, in denen die Krüge und Flaschen leer waren und Signor Trappatoni auch in der Schule ausgerastet wäre.

GESTALTUNGSELEMENTE

Begrüßung und Einführung

Zur Einstimmung auf den Gottesdienst werden den Schülern sechs Flaschen mit verschiedenen Füllungen zum Riechen und Schnuppern gereicht. Jede Flasche trägt die Aufschrift: »Flaschen nach dem Riechen bitte weitergeben und andere riechen lassen.« Die einzelnen Flaschen sind gefüllt mit köstlichem Wein, mit bitterem Essig, mit abgestandenem, übelriechenden Spülwasser, mit Rosenduft, mit Parfüm, und eine Flasche ist leer.

Ich möchte gerne alle begrüßen, Schüler und Lehrer, alle die den Gottesdienst vorbereitet haben, ihn gestalten und mitfeiern.
Ihr habt an den Flaschen gerochen, ganz unterschiedliche Gerüche, angenehme und unangenehme, scharfe und milde. Gerüche, die Assoziationen wecken. Und nun stecken sie in euren Erinnerungen und in euren Nasen. Was ihr sonst noch in euren Nasen habt, ob ihr die Nase voll habt, ob ihr jemand in eurer Nähe gerade nicht riechen könnt, ob euch ein Geruch die Nase hinaufsteigt und euren Gaumen erfreut oder ob ihr gerade den Geschmack an etwas verloren habt, weiß ich nicht. Aber alle diese Beschreibungen deuten darauf hin, daß unser Geschmack etwas über uns und unser Leben aussagen kann, wie es uns geht, was uns bewegt. Welcher Geschmack nun in den Flaschen unseres Lebens steckt und wie er uns in die Nase steigt, was dies mit Gott und unserer Umwelt zu tun hat, darum soll es uns in diesem Gottesdienst gehen, den wir beginnen im Namen des Vaters und des Sohnes und des Heiligen Geistes. Amen.

Nachdem alle die verschiedenen Flaschen beschnuppert haben, kommen sechs Schüler heraus und beschreiben die Duftmarke im Zusammenhang mit verschiedenen Situationen im vergangenen Schuljahr.

— Es gab recht festliche und angenehme Zeiten, richtige Hochzeiten, wo ich Freude an der Schule hatte, wo die Schule zum Fest wurde. Die Flasche, die mit Wein gefüllt ist, erinnert mich daran.

— Es gab recht herbe und saure Zeiten, wo eine Klassenarbeit der anderen folgte und manche Fünf mir und meinen Eltern sauer aufstieß. Die Flasche, die mit Essig gefüllt ist, erinnert mich daran.

- Es gab Zeiten, wo dicke Luft war und meine Leistungen zum Himmel gestunken haben. Die Flasche mit dem abgestandenen Spülwasser erinnert mich daran.
- Es gab Zeiten, da war ich sehr motiviert auf Schule hin. Es roch sehr einladend. Schule machte mich richtig an. Die Flasche mit Parfüm erinnert mich daran.
- Es gab Zeiten, da war es nicht nur im Religionsunterricht wirklich himmlisch. Wir gingen freundlich miteinander um, und auch die Noten waren sehr attraktiv. Es waren wirklich rosige Zeiten. Die Flasche mit Rosenduft erinnert mich daran.
- Ich habe die leere Flasche. Sie erinnert mich an sehr unschöne Zeiten; da war alles leer, hohl und fad. Ich selbst konnte mich da mit einer leeren Flasche vergleichen. Zu nichts hatte ich Lust, alles war mir egal, nichts regte mich mehr auf. Mein schulischer Fleiß war wie weggeblasen, meine Begabungen verkümmerten, meine Haltung war nur noch null Bock. Es war die schlimmste Zeit. Hätte sich da keine Veränderung ergeben, ich wäre heute wirklich mit einer leeren Flasche zu vergleichen.

Kyrie

Wenn meine Flasche voller schlechter Erinnerungen ist, weil wir, Schüler und Lehrer, in diesem Schuljahr nicht immer so miteinander umgegangen sind, daß wir Freude aneinander hatten, dann bitten wir.
Kyrie eleison (gesungen)

Wenn meine Flasche voll mit Enttäuschungen ist, weil sich meine schulischen Erwartungen nicht erfüllten, dann bitten wir.
Kyrie eleison (gesungen)

Wenn meine Flasche voll ist mit Unbehagen, weil meine Eltern nicht mit meinen Leistungen zufrieden sind, dann bitten wir.
Kyrie eleison (gesungen)

Wenn meine Flasche voll ist mit Zeitdruck, weil ich mit meinen Terminen nicht mehr nachkomme und ich mich nur danach sehne, Zeit für mich und meine Interessen zu haben, dann bitten wir.
Kyrie eleison (gesungen)

Wenn meine Flasche leer ist von echten und positiven Zuwendungen und Sinnerfahrung, dann bitten wir.
Kyrie eleison (gesungen)

Aktion nach dem Evangelium

Drei große Flaschen (mindestens 1 m hoch) aus Pappe gebastelt werden aufgestellt. Sie tragen folgende Aufschriften:

1. Flasche: Meine Flasche ist zu voll. Ich möchte sie gerne leeren von ...
2. Flasche: Ich bin dankbar dafür, daß meine Flasche voll ist von ...
3. Flasche: In meine leere Flasche hinein wünsche ich mir ...

Die drei Flaschen sind Bilder für Situationen in eurem Leben. Ihr könnt sie jetzt mit eurem Fühlen und Denken füllen. Jede und jeder schreibt die eigenen Antworten auf die bereitgelegten Zettel, die dann hier vorne aufgeklebt werden. Bitte verletzt niemanden mit euren Äußerungen. Wir möchten gerne ein paar ausgewählte Äußerungen für die Fürbitten verwenden.
Zuvor noch ein paar kurze Impulse zu den einzelnen Flaschen:

Ich weiß auch, daß das, was Jesus will, nicht ganz so einfach ist. Manches ist in unserem Leben, ist in der Flasche unseres Lebens, das wir gerne loswären, um Raum zu schaffen für den Wein des Festes: Wer etwas findet, was er loshaben muß, was ihn hindert, von dieser Festesfreude Jesu angefüllt zu werden, kann dies auf die erste Flasche schreiben.

Sicher habt ihr auch schon entdeckt, daß ihr nicht nur in Anführungszeichen »Wasserflaschen« seid, sondern auch voll mit Kostbarem, für das ihr danken könnt. Das können Ereignisse, Beziehungen zu wichtigen Menschen sein oder auch Fähigkeiten, für die ihr dankbar seid. Wenn euch – hoffentlich – etwas einfällt, wofür ihr dankbar sein könnt, dann schreibt es doch auf diese zweite Flasche.

Klagen und ärgern ist aber nicht alles. Man muß den Platz, der durch das Ausleeren entstanden ist, auch sinnvoll wieder füllen. Was ihr euch wünscht, könnt ihr hier auf diese Flasche schreiben.

SCHRIFTTEXT

Joh 2,1-12   Hochzeit zu Kana

GEBET

Ich wünsche dir Zeit

Ich wünsche dir nicht alle möglichen Gaben.
Ich wünsche dir nur, was die meisten nicht haben:
Ich wünsche dir Zeit, dich zu freun und zu lachen,
und wenn du sie nützt, kannst du etwas draus machen.
Ich wünsche dir Zeit für dein Tun und dein Denken,
nicht nur für dich selbst, sondern auch zum Verschenken.
Ich wünsche dir Zeit, nicht zum Hasten und Rennen
sondern Zeit zum Zufriedenseinkönnen.
Ich wünsche dir Zeit, nicht nur so zum Vertreiben.
Ich wünsche, sie möge dir übrigbleiben
als Zeit für das Staunen und Zeit für Vertrauen,
anstatt nach der Zeit, der Uhr nur zu schauen.
Ich wünsche dir Zeit, nach den Sternen zu greifen,
und Zeit um zu wachsen, das heißt um zu reifen.
Ich wünsche dir Zeit, neu zu hoffen, zu lieben.
Es hat keinen Sinn, diese Zeit zu verschieben.
Ich wünsche dir Zeit, zu dir selber zu finden,
jeden Tag, jede Stunde das Glück zu empfinden.
Ich wünsche dir Zeit, auch um Schuld zu vergeben.
Ich wünsche dir Zeit zu haben zum Leben.

(Elli Michler)

LIEDVORSCHLÄGE

Tr 720	»Kyrie eleison«
EH 162	»Wo Menschen sich vergessen«
EH 121	»Meine Zeit steht in deinen Händen«
EH 146	»Manchmal feiern wir«

Christof Bumüller/Hans Plewka

Geh mit uns auf unserm Weg

Zur Schulentlassung

Loslassen – aufbrechen

THEMA

Nach neun Jahren Schule können die Hauptschüler das Kapitel Schule abhaken. Wenn auch viele Hauptschüler in weiterführende Schulen wechseln, so drücken doch bei ihnen die zwei Stichwörter loslassen und aufbrechen wichtige Phasen aus, durch die alle jetzt durchmüssen. In der letzten Schulwoche ihrer Hauptschulzeit laden deshalb katholische und evangelische Religionslehrerinnen und -lehrer in ökumenischer Kooperation, möglichst zusammen mit dem Klassenlehrer, die Schüler ein, diese wichtigen Lebensphasen in einer ökumenischen, gottesdienstlichen Feier zu bedenken und zu reflektieren.
Im ersten Teil der Besinnung werden Schüler und Schülerinnen an die vergangene Schulzeit erinnert. Der zweite Teil soll sie animieren, vertrauensvoll aufzubrechen, um weiterzukommen und sich weiterzuentwickeln.
Zu gottesdienstlichen Feiern sind die Schüler und Schülerinnen morgens ins Gemeindehaus oder in einen schönen Raum in der Schule eingeladen. Gut ist es, wenn zwei bis drei Schulstunden zur Verfügung gestellt werden, damit nach der Besinnung noch Zeit zum gemeinsamen Frühstück bleibt.

GESTALTUNGSELEMENTE

Zur Phase »loslassen«

Im ersten Teil der Besinnung wollen wir den zurückgelegten Schulweg Revue passieren lassen. Im Raum wurde ein langer Weg mit verschiedenen Stationen aufgebaut. Einzelne aus Papier gebastelte Fußabdrücke gehen von Station zu Station. Verschiedene Stationen, die uns wichtig erschienen, sind anschaulich aufgebaut.

Station Schullandheim – Symbol: Koffer
Station Skiwandertag – Symbol: Skistock und Ski
Station Hauptschulprüfung – Symbol: Lehrbücher und auf die Lehrbücher wurde ein Abschlußzeugnis gelegt
Station Abschlußfahrt – Symbol: Ansichtskarte vom Ziel der Abschlußfahrt

Neben den Highlights gab es auch den grauen Schulalltag.
Ein Wecker erinnert an das frühe Aufstehen.
Ein Aktenordner an den Stoff für eine Klassenarbeit.
Eine Rechenmaschine und ein Geodreieck an das Fach Mathematik.
Eine Bibel an das Fach Religion.
Ein Pausenvesper an die schönste Zeit in der Schule.

All diese Symbole sollen am Weg und an den Stationen aufgebaut sein. Der Weg wird den Schülern vorgestellt, und sie werden eingeladen, den Weg nochmals nachzugehen, nachdem sie zuvor Früchte und kleine Misthaufen – aus Karton gebastelt – bekommen haben, die von ihnen beschriftet wurden. So steht auf einer Frucht z. B.: »Das Schullandheim war spitze« oder auf einem Misthaufen: »Die Hauptschulprüfung mit der ganzen Vorbereitung war vielleicht ein Mist.«
Begleitet von Meditationsmusik legt jeder Schüler/jede Schülerin Misthaufen und Früchte an die entsprechenden Wegabschnitte und Stationen.

Nach der Aktion faßt ein Schüler die Phase in einem Gebet zusammen:

An viele Ereignisse und Situationen des zurückgelegten Schulwegs erinnern wir uns. Viele Früchte konnte jeder ernten, vieles empfanden wir auch als Mist, es machte uns alles andere als Freude. Freud und Leid, Gutes und weniger Gutes durchkreuzte unseren Weg. Wir sind jetzt alle froh, das Ziel erreicht zu haben, und sind auch dir, guter Gott, dankbar, daß du uns auf all unseren Wegen begleitet hast. Wir bitten dich, daß du auch jetzt als Begleiter auf unseren zukünftigen Wegen mitgehen wirst.

Zur Phase »aufbrechen«

Film »Stufen«

Jeder Aufbruch hat einen langen Weg vor sich – oft einen Weg mit zahlreichen Hindernissen und Stufen: eine kleine Einstimmung könnte der tschechische Kurzfilm »Stufen« sein.
Schauen wir uns diesen Film an und lassen wir uns von folgenden Fragen begleiten:
Wohin geht der Weg dieses Menschen im Film?
Warum sind die Treppen da?
Warum geht der Mensch die Stufen hoch?
Gibt es ein Ziel des Weges?
Was hat dieser Film mit mir zu tun und meiner neuen Situation?

Filmbeschreibung

Ein Mensch betritt ein Labyrinth von Stufen. Zunächst schreitet er behändig von Stufe zu Stufe aufwärts. Mit der Zeit jedoch wird der Weg immer beschwerlicher. Kaum hat der Mann eine Stufe erklommen und meint, am Ziel zu sein, türmt sich bereits die nächste vor ihm auf. Der Mann irrt weiter, wird immer müder und schlapper. Mit letzter großer Anstrengung schleppt er sich eine Reihe von Treppen hinauf. Er bricht kraftlos zusammen und wird selbst zu einer Stufe.

(Stufen 16 mm: Stefan Schabeneck, Polen 1968, 8 Min., SW, Zeichentrickfilm, ab 12 J. zu verleihen beispielsweise bei der Fachstelle für Medienarbeit, Sonnenbergstr. 15, 70184 Stuttgart)

Anschließend wird der Film entsprechend den Fragen ausgewertet. Als Abschluß der Filmauswertung wird die Geschichte vom Wunderknaben vorgelesen.

Geschichte: Der Wunderknabe

Es war einmal ein Wunderknabe, der im zartesten Alter schon die ganze Welt erkannte. Unter der Tür des Elternhauses wußte er über alles Bescheid, und von weither kamen die Menschen, um ihn sprechen zu hören und seinen Rat zu holen. Er war zum Glück auch ein glänzender Redner und ließ den schwierigsten Fragen die größten Worte angedeihen, und manchmal auch die längsten. Man wußte nicht, woher er sie hatte, wie es bei Wunderknaben so ist. Sie lagen ihm einfach im Mund. Sein Ruf ging in die Welt hinaus, und bald wollte man überall von seinem Wissen profitieren.

So machte er sich auf die Wanderschaft und nahm sich vor, die ganze Welt, über die er immer gesprochen hatte, nun auch zu berühren. Doch kaum eine Stunde von zu Hause kam er an einen Kreuzweg, der ihn zwang, zwischen drei Möglichkeiten zu wählen, denn nicht einmal ein Wunderknabe kann zugleich in verschiedene Richtungen gehen. Er ging geradeaus weiter und mußte dabei links ein Tal und rechts ein Tal ungesehen liegen lassen. Schon war seine Welt zusammengeschrumpft. Auch bei der nächsten Gabelung büßte er Möglichkeiten ein, und bei der dritten, und bei der vierten. Jeder Weg, den er einschlug, jede Wahl, die er traf, trieben ihn in eine engere Spur. Und wenn er auf den Dorfplätzen sprach, wurden die Sätze immer kürzer. Die Rede floß ihm nicht mehr wie einst, als er ins Freie getreten war. Sie war belastet von Unsicherheit über das unbegangene Land, das er schon endgültig hinter sich wußte.

So ging er und wurde älter dabei, war schon längst kein Wunderkind mehr, hatte tausend Wege verpaßt und Möglichkeiten auslassen müssen. Er machte immer weniger Worte, und kaum jemand kam noch, ihn anzuhören. Er setzte sich auf einen Meilenstein und sprach nun nur noch zu sich selbst: »Ich habe immer nur verloren: An Boden, an Wissen, an Träumen. Ich bin mein Leben lang kleiner geworden. Jeder Schritt hat mich von etwas weggeführt. Ich wäre besser zu Hause geblieben, wo ich noch alles wußte und hatte, dann hätte ich nie entscheiden müssen, und alle Möglichkeiten wären noch da.«

Müde, wie er war, ging er dennoch den Weg zu Ende, den er einmal begonnen hatte, es blieb ja nur noch ein kurzes Stück. Abzweigungen gab es jetzt keine mehr, nur *eine* Richtung war noch übrig und von allem Wissen und Reden nur ein einziges letztes Wort, für das der Atem noch reichte. Er sagte das Wort, das niemand hörte, und schaute sich um und merkte erstaunt, daß er auf einem Gipfel stand. Der Boden, den er verloren hatte, lag in Terrassen unter ihm. Er überblickte die ganze Welt, auch die verpaßten Täler, und es zeigte sich also, daß er im Kleiner- und Kürzerwerden ein Leben lang aufwärts gegangen war.

(H. Künzler)

Betrachtung zu Abraham

Eine Gestalt in der Bibel zeigt uns sehr gut, wie schön und wie schwer das Aufbrechen ist, aber wie wichtig es auch ist, weiterzukommen: Abraham.
Während aus dem Buch Genesis 12,1–8 die Aufbruchsgeschichte vorgelesen wird, wird das Bild Abraham von Roland-Peter Litzenburger eingeblendet.

Roland P. Litzenburger, Abraham, 1964

Abraham – voll Vertrauen macht er sich auf den Weg, er vertraut, läßt Liebgewonnenes und auch Belastendes zurück, von dem er geprägt wurde und an dem er sehr hing, und wagt den Aufbruch. Er weiß nicht, was ihn erwartet. Er vertraut und hofft, daß er auch in Zukunft mit Gott über schwere Wege ins Land der Verheißung kommt.
Dieser Abraham steht für euch – auch ihr seid unterwegs. Auch ihr brecht auf, geht weiter und wagt den Aufbruch. Viel Schönes, aber auch viel Unerfreuliches laßt ihr nun zurück. Auch ihr vertraut, daß es euch in Zukunft gutgehen wird, auch ihr hofft, daß Gott euch begleitet.

SCHRIFTTEXT

Gen 12,1–8   Abrahams Berufung

GEBET

Guter Gott, gerade heute hören wir den Ruf »brich auf und geh weiter«. Unser Lebensweg führt uns weiter, und wir gehen ihn, mal zögernd und ängstlich, mal sorgenvoll und mühevoll, mal mit Freude, Mut und Vertrauen. Wir können die wenigsten Schritte auf unserem Weg allein weitergehen. Begleiter, an die wir uns halten können, sind lebenswichtig. Solche Begleiter sind in Zukunft Kollegen und Chefs in den Betrieben, Mitschüler und Mitschülerinnen, Lehrer und Lehrerinnen in den weiterführenden Schulen, sind Freund und Freundinnen, auch unsere Eltern. Und so ein Begleiter bist vornehmlich du, Herr und Gott.
Geh mit uns, so wie du einst mit Abraham gingst. Schenk uns Mut und Vertrauen für unseren Aufbruch – wie einst Abraham. Gib uns Hoffnung und Zuversicht – auch auf schweren Wegabschnitten. Sei mit uns auf unserem Weg, wie du es auch mit Abraham warst. Das erbitten wir jetzt und in Zukunft. Amen.

LIEDVORSCHLÄGE

Tr 489	»Geh mit uns auf unserm Weg«
Tr 132	»Entdeck bei dir – entdeck bei mir«
Tr 292	»Ich möcht, daß einer mit mir geht«

Franz Keil

Mein Lebenshaus –
wieder ein Bauabschnitt beendet

THEMA

An unserer Schule wurde viel umgebaut. Baulärm und Dreck beeinträchtigten den Unterricht immer wieder. Als vor den Ferien die letzten Handwerker das Gelände verließen, konnten alle feststellen, daß es sich gelohnt hatte, die Einschränkungen zu ertragen. Der Bau an unserer Schule hat sicher auch die Gedanken des vorliegenden Gottesdienstentwurfes mitbestimmt.
In den letzten sechs Jahren haben die Schüler sich auch als Bauleute an ihrem Lebenshaus betätigt. Fertig ist ihr Lebenshaus natürlich nicht, aber mit dem heutigen Tag, dem Tag der Schulentlassung, wird ein wichtiger Bauabschnitt beendet.

GESTALTUNGSELEMENTE

Sprecherfolge 1

Diese Sprecherfolge kann als Einstieg benützt werden; möglich ist sie auch nach dem Tagesgebet. Wichtige »Bauelemente«/»Baumaterialien« werden vorgestellt und neben dem Altar aufgestellt. Zwei Schüler/innen »bauen«, zwei lesen abwechselnd:

	Sechs Jahre haben wir an unserem Lebenshaus gearbeitet. Lassen wir einzelne Bauteile noch einmal an uns vorüberziehen.
Mauersteine	Immer wieder wurde ein Stein auf den anderen gesetzt. Steine der Verständigung und des Wissens – Steine der Herausforderung und des Anstoßes.
Kübel Mörtel	Damit die Mauer unseres Lebenshauses auch hält, brauchen wir Mörtel, der die Steine miteinander verbindet.

	Das ist unsere Bereitschaft, aufeinander zu hören, Rücksicht zu nehmen und füreinander einzuspringen.
Fensterrahmen	Die Mauern geben zwar Schutz und Sicherheit – doch wohlfühlen werden wir uns in unserem Lebenshaus nur, wenn wir hinaus- und andere bei uns hineinschauen können.
Türrahmen	Was wäre ein Haus ohne Tür? Wir alle brauchen Gemeinschaft. Wir können durch die Tür heraus- und hereinkommen. Kontakte werden geknüpft.
Winkeleisen	Wer ein Haus baut, muß darauf achten, daß alles wirklich im Lot ist.
Dachziegel	Jedes Haus benötigt ein Dach, damit es nicht hereinregnet und der Sturm sich nicht in den Mauern verfangen kann.

Alles, was für einen Hausbau notwendig ist, können wir hier nicht aufbauen.
Doch ganz wichtig ist die Atmosphäre in einem Haus. Deshalb stellen wir

ein Bild/Blumen und Kerzen
vor die Baugegenstände.
Sie sind Zeichen dafür, daß die Menschen, die in diesem Haus wohnen, einander mögen und Gäste freundschaftlich aufnehmen.

Bußakt

Bei den Bauarbeiten in diesen Jahren ist nicht alles reibungs- und problemlos verlaufen. Deshalb wollen wir uns besinnen:

1. Sprecher/in:	Jede und jeder von uns konnte in den sechs Jahren Pläne für ihr Haus entwerfen, Erfahrungen machen – Räume gestalten. Doch im Zusammensein mit anderen gab es Grenzen, die oft nicht eingehalten wurden.
Kehrvers:	Herr, erbarme dich *(gesungen)*

2. Sprecher/in:	Konflikte und Enttäuschungen blieben während der Bauzeit nicht aus. Freundschaften wurden geschlossen, zerbrachen wieder. Es gab Situationen, die von uns mehr Mut und Offenheit erfordert hätten.
Kehrvers:	Herr, erbarme dich *(gesungen)*
3. Sprecher/in:	Eine Baugeschichte verläuft nicht immer nach Plan. Veränderte Notwendigkeiten, neue Ziele erforderten unser Umdenken. Doch oft beharrten wir auf dem Alten, weil es bequemer war.
Kehrvers:	Herr, erbarme dich *(gesungen)*

Sprecherfolge 2 zur Gabenbereitung

Ein Schüler/eine Schülerin liest langsam den Text, zwei Schüler/innen weisen auf die einzelnen Bauelemente hin, bzw. zeigen sie.

Wir haben neben den Altar symbolisch ein Haus gebaut. Wir bringen jetzt die Bauelemente als Gaben dankbar zum Altar.

Die *Steine* sie sind Zeichen, daß wir Geborgenheit brauchen.

Der *Mörtel* ist Zeichen unseres Zusammenhaltens.

Der *Fensterrahmen*
   er ist Zeichen für unseren Blick in die weite Welt.

Die *Tür* ist Zeichen der Offenheit und der Verständigung.

Das *Winkeleisen*
   ist Zeichen dafür, daß wir unser Leben in die richtige Richtung bringen wollen.

Die *Dachziegel*
   sind Zeichen für Schutz und Behütetsein.

Bild, Blumen und Kerzen
   sind Zeichen für menschenfreundliches Zusammensein.
   Für das alles danken wir dir, o Gott.

SCHRIFTTEXTE

1 Petr 2,4–7a Jesus Christus, der lebendige Stein
Mt 7,24–27 Vom Haus auf dem Felsen

FÜRBITTEN

Guter Gott, du schenkst uns das Leben, du prägst uns. Dich bitten wir am Ende unserer Schulzeit:

- Sei du bei uns mit deinem Schutz und deiner Hilfe, wenn wir den nächsten Bauabschnitt wagen.
- Hilf uns, unsere Fähigkeiten sinnvoll zu nutzen und bei Schwierigkeiten nicht gleich aufzugeben.
- Schenke uns Mut und Phantasie, auch Ungewöhnliches zu riskieren.
- Sei uns nahe, wenn es beim nächsten Bauabschnitt Pannen gibt.
- Unsere Mütter und Väter haben uns den Schulbesuch ermöglicht. Segne du ihr Bemühen um uns.
- Nicht immer so leicht hatten es unsere Lehrerinnen und Lehrer mit uns und wir mit ihnen. Schenke du ihnen weiterhin Einfühlungsvermögen und Ausdauer für ihre Aufgabe.

Guter Gott, hilf allen, die an ihrem Lebenshaus arbeiten, daß sie festen Grund suchen und nicht auf Sand bauen. Amen.

LIEDVORSCHLÄGE

Tr 8	»Freunde, wir fangen an«
EH 145	»Komm, bau ein Haus«
EH 34	»Nimm, o Herr, die Gaben«
EH 5	»Herr, erbarme dich«

Anne Enderwitz

Ein Blick zurück nach vorn

THEMA

Der letzte Schultag, die Entlassung aus der Schule, laden dazu ein, zurückzuschauen. Doch dabei wollen wir es nicht belassen, denn das Leben geht weiter. Wer begleitet mich, woher beziehe ich meine Kraft, auf wen kann ich mich verlassen? Ein besinnlicher Gottesdienst für Schülerinnen und Schüler, Eltern und Lehrerinnen und Lehrer.

GESTALTUNGSELEMENTE

Einstimmung

Wir betrachten das Folienbild »Gleise« (aus: Kath. Schulkommissariat München, Handreichungen zum Religionsunterricht an Sonderschulen) oder ein ähnliches Dia und hören dazu eine besinnliche Musik im Hintergrund (z. B. von K. Stimmer-Salzeder: »Erde« – CD, Instrumentalstück Nr. 2). Nach ca. zwei Minuten tragen wir den folgenden Text dazu vor:

Text zum Folienbild »Gleise«

Gleise, Schienenwege, Weichen –
Schienenwege gelangen zu Weichen.
Hier können sich die Richtungen ändern.
Manche Wege führen nebeneinander her und laufen parallel,
andere trennen sich, wieder andere führen zusammen.
Ein Netz von Verzweigungen und Verbindungen.

Gleise, Schienenwege, Weichen –
und ich und du und deine Schulzeit?
Gleise, Schienenwege, Weichen –
ein Bild für deine Schulzeit.
Mit wem bist du durch die Schulzeit gegangen?
Mit wem warst du in der gleichen Spur?
Viele Fahrtrichtungen sind möglich.
Wer ist inzwischen abgebogen?
Wer hat eine andere Richtung gewählt?
Vielleicht ist auch jemand vom Weg abgekommen.

Gleise, Schienenwege, Weichen –
du hast im Laufe deiner Schulzeit immer wieder gewählt.
Nein, nicht nur Fächer.
Du hast gewählt,
welche Richtung du einschlagen willst.
Du hattest ein Ziel im Auge,
du wolltest ankommen.
Du warst dabei nicht alleine.
Wer hat dich begleitet?
Wer war für dich da,
wenn es einmal nicht so glatt lief?

Gleise, Schienenwege, Weichen –
wem hast du auf das richtige Gleis zurückgeholfen?

Du und deine Klasse –
Was gab es da für Unterschiede?
Verschiedene Richtungen, auch entgegengesetzte?
Da ist viel passiert unterwegs:
Gutes, aber vielleicht auch manches,
über das wir besser schweigen.

Herr, unser Gott,
all das, was zurückliegt, wollen wir dir heute bringen.

Skizzen für ein Predigtgespräch

Benötigte Gegenstände: Sporttasche mit einem leeren und einem aufgepumpten Fußball und einer Luftpumpe.

Leerer Ball:
- WM zu Ende.
- Schulzeit zu Ende: Es war anstrengend.
- Manche von euch machten sogar den »Quali«.
- Die Luft ist raus wie bei diesem Ball.

Aber das Leben geht weiter. Nach der Erholungsphase beginnt die Lehrzeit oder auch wieder die Schule. Mit diesem Ball ist kein gutes Fußballspiel möglich.

Voller Ball:
- Kein Ball ist einfach voll.
- Dazu braucht man eine Luftpumpe.
- So wie der Ball Luft braucht, benötige auch ich vieles zum Leben.
- Nein, ich meine keine Gegenstände, keine Dinge, die man kaufen kann. Denn, was wirklich wichtig ist, kann ich nicht kaufen.
- Ich brauche, denken wir an die Gleise, Richtung. Wer gibt mir Richtung?
- Wer gibt mir – wie dem Ball – Luft, Energie, Kraft? Wer pumpt mich voll, wer pumpt mich auf?
- Womit stopfe ich mich voll? Fernseher, Video? – Alles in Maßen.
- Aber wer gibt meinem Leben Richtung? Woher beziehe ich meine Kräfte, meine Energie?
- Das Leben ist kein Spaziergang. Das wißt ihr alle schon.

- Suche dir Menschen, die dich mögen, die dich halten und auch einmal aushalten.
- Laß dich auch von Gott begleiten! Er ist immer da, für dich da. Gib ihm in deinem Leben Platz, Raum und Zeit.
- Gott gibt dir Kraft.
- Bei Gott hat jeder Rang und Namen. Da bist du wer. Da kommt es nicht auf dein Äußeres an. Da spielen die Einkommensverhältnisse, Berufe keine Rolle. Bei Gott kannst du jeden Tag neu anfangen.
- Habe Vertrauen!

Schlußlied: Wenn du gehst nun
(nach der Melodie von »I am sailing«)

Wenn du gehst nun, wenn du gehst nun
von der Schule weg von hier,
wenn du gehst nun raus ins Leben,
sei der Herr stets nah bei dir.

Wenn du gehst nun, wenn du gehst nun
in 'ne Firma, ins Geschäft,
wenn du gehst nun in die Lehrzeit,
geb' der Herr dir immer Kraft.

Wenn du gehst nun, wenn du gehst nun,
bist du manchmal ganz allein.
Wenn du gehst nun, hab' Vertrauen,
denn Gott wird dir nahe sein.

SCHRIFTTEXT

Lk 24,13-30   Gang nach Emmaus

GEBET

Guter Gott, auch wir haben als verzagte Wanderer nichts nötiger als dies: daß einer ganz für uns da ist; daß einer uns Sinn gibt für unser Leben; daß einer uns unser Leben aufschließt. Auch wir stimmen ein in den Ruf: Herr, bleibe bei uns auf dem Weg durch unser Leben. Bleibe bei uns in allem Unsicheren, in allen Sorgen und Nöten, jetzt und immer. Amen.

LIEDVORSCHLÄGE

Tr 200 »Eines Tages kam einer«
Tr 65 »Immer auf Gott zu vertrauen«

Reinhard Schlereth

Wenn einer alleine träumt

In der Advents- und Weihnachtszeit

Weihnachten kann verändern

THEMA

Was erwarten unsere Schülerinnen und Schüler von Weihnachten? Ist es identisch mit Konsum? Wie geht es denen, deren Familien nicht mehr intakt sind? Eine Antwort auf diese Fragen bekommen wir am besten von unseren Schülerinnen und Schülern selbst. Wahrscheinlich werden wir zu dem Ergebnis kommen, daß Weihnachten bei ihnen starke, tiefe Wunsch- und Traumbilder erzeugt. Diese Bilder sind möglicherweise sehr wertvoll, denn mit dieser Sehnsucht können positive Veränderungen angeregt werden.
Wir interviewten einige mit der Frage: Was bedeutet dir Weihnachten?, und kamen zu dem für uns in diesem Ausmaß überraschenden Ergebnis, daß alle, die sich trauten eine Aussage zu machen, positive, romantische Bilder und Wünsche mit diesem Fest verbinden.
Der Gottesdienst wurde als ökumenischer Weihnachtsgottesdienst der Hauptschule gefeiert.

Vorbereitungen

Einige Zeit vorher: Interview mit dem Kassettenrecorder: »Was bedeutet dir Weihnachten?«; mit Schüler/innen die drei Pantomimenszenen einüben; Lieder möglichst mit Musikgruppe der Schule einüben; Lieder in den Klassen und Religionsgruppen singen; Liedblätter anfertigen; Herzen backen oder besorgen.
Vor dem Gottesdienst: Einen Tisch mit Stühlen vor den Altar stellen; folgende Gegenstände bereitlegen: Geschenkpakete, ein Bügeleisen, einen Walkman, einen Gameboy, ein Gesellschaftsspiel, ein großes Schild mit der Aufschrift: »WEIHNACHTEN?!«

GESTALTUNGSELEMENTE

Einführung und Anspiel

Bei diesem Weihnachtsgottesdienst sollt ihr zunächst einmal selbst zu Wort kommen. Wir interessieren uns dafür, welche Erwartungen ihr an das Fest habt, und so wurden einige von euch Schülerinnen und Schüler von uns interviewt mit der Frage: »Was bedeutet dir Weihnachten?« Hört euch die Antworten an.

Kassette wird vorgespielt oder Antworten werden vorgelesen.

Es gibt viele schöne Weihnachtsvorstellungen. Wir hatten die Idee, drei weihnachtliche Wunschszenen im pantomimischen Spiel darzustellen. Schaut her, was daraus geworden ist.

1. Szene:
Mehrere Leute stehen herum. Einer bekommt viele Geschenke und die anderen nichts. – Er sieht überglücklich aus, und die anderen lassen den Kopf enttäuscht hängen. – Das Schild WEIHNACHTEN?!« wird gezeigt und der Glückliche gibt, nach anfänglichem Zögern, allen anderen jeweils eines von seinen Geschenkpaketen ab.

2. Szene:
Mehrere Schülerinnen und Schüler streiten heftig gestikulierend miteinander. – Das Schild »WEIHNACHTEN?!« wird gezeigt. – Die Streitenden betrachten es lange, und ganz langsam verändert sich ihr böses Gesicht. – Sie werden freundlich und geben einander die Hand.

3. Szene:
Eine Mutter bügelt, der Rest der Familie sitzt um den Tisch: der Vater liest Zeitung, die Kinder hören Walkman oder spielen Gameboy. – Das Schild »WEIHNACHTEN?!« wird gezeigt – langsam legen alle ihre Beschäftigung weg, ein Gesellschaftsspiel wird ausgepackt und gemeinsam gespielt.

Ansprache nach dem Evangelium

Die wichtigsten Worte der Weihnachtsbotschaft werden von Engeln, den Boten Gottes, überbracht, mit der Absicht, die Veränderung des Lebens anzukündigen: Nicht Dunkelheit und Angst sollen vorherrschen, sondern göttlicher Glanz, Freude und der Friede auf Erden für das ganze Volk. Was sind das für Versprechungen? Hat sich durch dieses Kind alles verändert? Nein, nicht einmal für die Hirten ist mit einem Schlag eine heile Welt angebrochen. Und doch hat sich alles verändert: Indem Gott Mensch geworden ist, hat er sichtbar gemacht, daß er auf der Seite der Menschen steht. Durch die Engel, das Licht und das Kind haben Menschen Bilder bekommen, die sie spüren lassen, daß das dunkle Leben immer wieder überwunden werden kann. Die Weihnachtsbotschaft wird nicht nur zu den Hirten gesprochen, sondern auch zu uns allen: Freude und Friede sind Geschenke Gottes und können auch in unserem Leben Platz finden.

Das haben wir auch in den drei Szenen gesehen: Da teilt ein Mensch seine Geschenke mit anderen, die zu kurz gekommen sind; da versöhnen sich Streithähne und werden friedfertig; da haben alle in der Familie füreinander Zeit. So wünschen wir uns Weihnachten und sind sogar oft bereit, uns Mühe zu geben, damit es so wird.

Die Weihnachtsbotschaft ist aber sicherlich nicht nur für einen einzigen Tag im Jahr gültig. Die guten Gefühle, die zu einem schönen Fest gehören, können wir mitnehmen in die Zeit danach. Wenn das nicht möglich wäre, dann hätte Gottes Mensch- und Menschlichwerdung keinen Sinn. Laßt uns doch versuchen, uns für das ganze Jahr etwas vom Weihnachtsglanz aufzusparen, damit wir uns ein wenig verändern: Dann werden wir es besser schaffen, beispielsweise ans Teilen zu denken, uns für einen friedlichen Umgang miteinander einzusetzen oder uns um ein lebendigeres Familienleben zu kümmern!

Entlassung

Wenn wir die Botschaft dieses Gottesdienstes umsetzen wollen, dann brauchen wir ein großes Herz. Als Hilfestellung bekommt ihr jetzt alle ein gebackenes Herz, laßt es euch gut schmecken!

SCHRIFTTEXT

Lk 2,8–14 Verkündigung der Hirten

FÜRBITTEN

Es gibt so vieles, was im Leben der Menschen besser sein sollte und was wir besser machen können. Es ist gut, wenn wir Gott bitten, uns dabei zu helfen. Wir alle wiederholen die Bitte: »Schenk uns deine Freude und deinen Frieden!«

- Wir alle freuen uns über viele Geschenke. Wir sollten uns aber auch überlegen, was wir anderen schenken können und was wir für diejenigen tun können, die nicht so viel haben wie wir.
  Schenk uns deine Freude und deinen Frieden.

- Wir alle sehnen uns nach Frieden. Oft macht es aber so sehr Spaß, andere zu ärgern und es denen heimzuzahlen, die uns geärgert haben. Guter Gott hilf, damit wir besser miteinander auskommen.
  Schenk uns deine Freude und deinen Frieden.

- Wir alle wünschen uns, in einer guten Gemeinschaft aufgehoben zu sein, zum Beispiel in der Familie. Guter Gott, du kennst die Schwierigkeiten in unseren Familien. Hilf uns, damit wir mehr Zeit und Geduld füreinander haben.
  Schenk uns deine Freude und deinen Frieden.

Herr, schenke uns diese Freude und diesen Frieden heute, morgen, immer. Amen.

LIEDVORSCHLÄGE

GL 107	»Macht hoch die Tür«
Tr 55	»Schalom chaverim«
Tr 364	»Geht, ruft es von den Bergen«

Barbara Schaupp

Rosen der Hoffnung

THEMA

Die Grundidee dieses Gottesdienstes entspringt dem Bild der Schriftstelle Jes 11,1–11: Aus einem toten Baumstumpf wächst ein neuer Sproß. So gibt es im Leben Situationen, in denen Menschen keine Hoffnung mehr haben, in denen sie sich ausgetrocknet, abgestorben oder ausgebrannt fühlen. Eine solche schwere Situation erlebte das Volk zur Zeit des Propheten Jesaja. Das Nordreich war untergegangen, und damit war das Reich Davids endgültig verloren. In dieser Situation versucht der Prophet Jesaja seinem Volk im Südreich neue Hoffnung mit dem Bild des neu ausschlagenden Baumstumpfes zu schenken. Es könnte in diesem Bild auch anklingen, daß Jesaja in den Ereignissen eine Art notwendige Verjüngung sieht, so wie Obstbauern bis heute ihre Bäume zurückschneiden, damit sie mit neuer Kraft austreiben. Jesaja versucht nicht, die in diesem Bild ausgedrückte Hoffnung von der Vernunft her zu begründen. Es wäre wichtig, das Fehlen einer solchen rationalen Begründung auch in einer aktualisierten Botschaft stehenzulassen. Statt nach dem Warum zu fragen, ist zu zeigen, wo und wie solche Hoffnung heute konkret wird. Diese bleibt letztlich unerklärbares Geschenk Gottes.
Die Grundidee des Gottesdienstes lebt vom Kontrast. Deshalb sind die Elemente, vor allem auch die Lieder so zu wählen, daß dieser Kontrast zur Geltung kommt. Die Spannung zwischen der hoffnungslosen Situation und der Hoffnungsbotschaft sollte auch am Ende des Gottesdienstes nicht einfach aufgelöst sein im Sinne eines Happy-Ends.

GESTALTUNGSELEMENTE

Das Leitbild des Gottesdienstes ist eine möglichst große, echte Wurzel oder ein richtiger Baumstumpf, der den Mittelpunkt des Raumes bildet.

Besinnung auf Situationen der Hoffnungslosigkeit

Der abgeschnittene Baumstumpf steht für hoffnungslose und dunkle Situationen. In der Vorbereitung auf den Gottesdienst wurden von den Schülern und Schülerinnen entsprechende Redewendungen gefunden, die für sie Situationen der Hoffnungslosigkeit ausdrücken: »Vor einem Scherbenhaufen stehen«, »Da ist Hopfen und Malz verloren«, »Mir steht das Wasser bis zum Hals«, »Der Ofen ist aus«. Je nach Vermögen der Klasse stellen die Schüler und Schülerinnen die einzelnen Redewendungen in einer kurzen Szene dar oder haben Bilder auf Plakaten oder auf Folie dazu gemalt. Die Schulgottesdienstgemeinde errät dann die entsprechenden Wendungen.

Zeichen der Hoffnung

Nach der Lesung von Jes 11,1–11 und einer kurzen Deutung wird der Baumstumpf in neue Blüte verwandelt. Dies kann mit gebastelten Rosen aus Kreppapier und Draht geschehen oder mit Barbarazweigen, die von den Schülern und Schülerinnen selbst geschnitten wurden. Die zuvor dargestellten Situationen von Hoffnungslosigkeit werden aufgegriffen und ein Ausblick gegeben, was neue Hoffnung bedeuten könnte. Dazu wird mit der ritualisierten Einleitung »Ich stecke diese Rose auf den toten Baumstumpf als Zeichen der Hoffnung. Ich hoffe, daß ... « jeweils eine Rose oder ein Barbarazweig auf die Wurzel oder den Baumstamm gesteckt.

Meditative Vertiefung

Das Bild von Sieger Köder »Die Blume aus dem toten Stamm« eignet sich als meditative Vertiefung. Es ist als Dia vorhanden, kann aber auch als preisgünstiges Andachtsbild den Schülern und Schülerinnen als Geschenk mitgegeben werden (Rottenburger Kunstverlag VER SACRUM, 72108 Rottenburg, Bestell-Nr. 854 D). Ein erschließender Text findet sich auf dem Andachtsbild.

SCHRIFTTEXT

Jes 11,1–11   Die Wurzel Isais

Sieger Köder, Stumpf Isais

GEBET

Gott, in unserer Welt, in unserem Leben gibt es Hoffnungslosigkeit und Dunkelheit. Wir Menschen erleben uns manchmal wie ein toter Baumstumpf, abgeschnitten und abgestorben. Doch du schenkst uns neue Hoffnung. Und du schenkst uns Zeichen der Hoffnung.
Wir danken dir für das Bild der Rose, die aus dem toten Baumstumpf wächst. Wir danken dir für all die kleinen Zeichen, die neuen Mut zum Leben machen. Wir danken dir, daß du darin deine Liebe zeigst, die sogar Dunkelheit und Tod durchbricht. Amen.

LIEDVORSCHLÄGE

GL 132	»Es ist ein Ros entsprungen«
Tr 388	»Leben im Schatten«
EH 142	»Kleines Senfkorn Hoffnung«
EH 127	»Die Sache Jesu« (besonders Strophe 2)

Michael Schindler/Ulrike Schmidtblaicher

Botinnen und Boten des Lichts

THEMA

Unsere Weihnachtsfeier bleibt leer, solange wir all die Menschen nicht im Blick haben, die ihr Leben im Dunkeln fristen, solange wir nicht, ähnlich den Engeln von damals, zu den heutigen armen Hirten gehen, um ihnen »Licht und Wärme« zu schenken, das sie wieder mehr Mensch werden läßt.
Der meditative Weihnachtsgottesdienst versucht beispielhaft an Menschen, die im Dunkeln leben, zu erinnern und zieht die Konsequenz, daß diese Menschen nur zur Weihnacht gelangen können, wenn wir uns, wie die Engel damals, ihnen als Engel zeigen. Nur so geht ihnen, wie den Hirten damals, ein Licht auf, das sie motiviert, dem Ruf zu folgen: »Auf, laßt uns nach Betlehem gehen« – laßt uns Weihnachten feiern inmitten unserer Nächte, nicht zuletzt deshalb, weil Gott durch seine Menschwerdung, durch das Kommen als Kind, Licht und Wärme in all die dunklen und kalten Nächte unseres Menschseins bringt.
Vorzubereiten sind verschiedene Folien, Paket, Brief, Lebkuchenherz, Thermoskanne, Schachspiel, Terminkalender, fünf Kerzen.

GESTALTUNGSELEMENTE

Anspiel am Beginn des Gottesdienstes

Ein Flötenspieler intoniert das Lied »Stille Nacht« und wird dann unterbrochen:

Schüler/in: Ich kann das Lied nicht mehr hören. Schlag ich die Zeitung auf *(schlägt die Zeitung auf)*, dann ist dieses Lied doch wirklich ein sehr weltfremdes Lied. Von wegen »Stille Nacht, heilige Nacht« – geschossen wird, Menschen werden verachtet und geschunden, haben keine Wohnung und frieren unter Brücken, leiden unter schlimmen Krankheiten und können oft vor Angst nicht einschlafen. Es scheint, daß fast nichts still und geheiligt auf unserer Welt ist – vielmehr sind auch wir ein Volk, das im Dunkeln lebt.

1. Sprecher/in: Das Volk, das im Dunkeln lebt
(Folie mit aktuellen Zeitungsbildern von Kriegsschauplätzen wird eingeblendet).

2. Sprecher/in: Es ist Nacht, tiefe Nacht hier bei uns und draußen auf den Kriegsschauplätzen in ... Wie die Hirten einst, sind gerade diese Menschen dort eingetaucht in tiefe Nacht. Aus dem Dunkel des Krieges kommt mühsam ein vom Krieg Gezeichneter *(als Hirte verkleidet).*
Orgel: Thema Schritte (2–3 Takte)

1. Hirte: Ich friste mein Leben und mein Menschsein im Dunkeln des Krieges. Auf Frieden zu hoffen bei all den gebrochenen sogenannten Waffenruhen habe ich fast aufgegeben. Ich sehe kaum Hoffnung auf Frieden, und mir fällt es schwer, vom Frieden überhaupt noch zu träumen. Wir sind noch weit davon entfernt, daß Schwerter zu Pflugscharen und Lanzen zu Winzermessern umgeschmiedet werden.
Orgel: Thema Kriegswirren (kurz)

1. Sprecher/in: Das Volk, das im Dunkeln lebt
(Folie von Asylanten, möglichst ein aktuelles Bild aus der Zeitung).

2. Sprecher/in: Es ist Nacht, tiefe Nacht hier bei uns und draußen in den Asylantenheimen und Auffanglagern. Wie die Hirten einst, sind gerade diese Menschen dort eingetaucht in tiefer Nacht. Aus dem Dunkel dieser Heime kommt mühsam ein von Angst Gezeichneter *(als Hirte verkleidet).*
Orgel: Thema Schritte (2–3 Takte)

2. Hirte:	Ich friste mein Leben im Dunkeln des Asylantenheimes. Eingepfercht leben wir mit anderen Familien in einem Zimmer. Angst befällt uns, weil die Nachrichten von Fremdenhaß und Brandstiftungen uns erschrecken. Stören wir denn so sehr? Warum werden wir so gehaßt? Warum werden wir nicht wie Menschen menschlich behandelt? *Orgel: Thema Enttäuschung, Hoffnungslosigkeit (kurz)*
1. Sprecher/in:	Das Volk, das im Dunkeln lebt *(Folie: Bild von einem Obdachlosen).*
2. Sprecher/in:	Es ist Nacht, tiefe Nacht hier bei uns und draußen auf den Parkbänken, unter den Brücken und in Bahnhofsunterführungen. Aus dem Dunkel all dieser Orte kommt mühsam ein von Kälte und Nässe Gezeichneter *(als Hirte verkleidet).* *Orgel: Thema Schritte (2–3 Takte)*
3. Hirte:	Ich friste mein Leben in der Kälte auf Parkbänken, in Bahnhofsunterführungen und unter Brückenbögen. Obdach und Heimat sind für mich Fremdwörter geworden. An ein Zuhause zu glauben habe ich nach endlosem Suchen draußen vor den Türen der Satten und Reichen fast schon aufgegeben. *Orgel: Thema Kälte (kurz)*
1. Sprecher/in:	Das Volk, das im Dunkeln lebt *(Folie von einem enttäuschten Jugendlichen).*
2. Sprecher/in:	Es ist Nacht, tiefe Nacht hier bei uns und draußen in der Schule. Aus dem Dunkel der Schule kommt mühsam ein von Angst gezeichneter Schüler.
4. Hirte:	Ich friste mein Leben mit großer Angst vor der Zukunft. Nachdem ich schon wieder eine Fünf in Mathe bekommen habe und auch die Physikarbeit von heute vergessen kann, habe ich Angst

vor der Zukunft. Vielleicht werde ich nicht versetzt? Ganz schnell zähle ich danach nichts mehr in meiner Klasse.
Orgel: Thema Angst

3. Sprecher/in: All diese Nächte und all unsere Nächte, die uns umnachten, uns frieren lassen und uns an unsere Grenzen erinnern, führen uns in die Nacht von Betlehem, die nicht einfach nur die stille und heilige Nacht ist.
Für die Hirten damals war die Nacht von Betlehem die Nacht, in der ihnen durch die Engel ein Licht aufging. Sie machten sich so aus ihrer Nacht auf und gelangten zur Weihnacht, zur Nacht der Menschwerdung Gottes und zur Nacht ihrer eigenen Menschwerdung.
Für uns, die wir auch umnachtet sind, bedarf es Menschen, nein Engel, die uns aus der Nacht herausholen, die uns helfen, daß bei uns ein Licht aufgeht und wir uns aufmachen können, um so zur Weihnacht zu gelangen, zur Nacht der Menschwerdung Gottes und zur Nacht unserer eigenen Menschwerdung. Ja, dann bleibt der Traum des Propheten Jesaja, den wir jetzt hören, nicht nur ein Traum ...

Jes 9,1–3.5–6 wird vorgelesen.

Predigtspiel

1. Sprecher/in: Das Volk, das im Dunkeln lebt, sieht ein Licht.

1. Schüler/in: *(Hebt ein Lebensmittelpaket mit einem Brief nach oben.)*
Ich habe hier ein Lebensmittelpaket zusammengepackt und einen Brief geschrieben. Brief und Paket gebe ich dem Hirten, der vom Krieg gezeichnet ist.
(Er/sie gibt Paket und Brief dem 1. Hirten.)

2. Sprecher/in: »Es müssen nicht Männer mit Flügeln sein, die Engel.

Sie gehen leise, sie müssen nicht schrein,
oft sind sie alt und häßlich und klein, die Engel.
Sie haben kein Schwert, kein weißes Gewand,
die Engel.
Vielleicht ist einer, der gibt dir die Hand,
oder er wohnt neben dir, Wand an Wand, der
Engel.
Dem Hungernden hat er das Brot gebracht, der
Engel.
Dem Kranken hat er das Bett gemacht,
und er hört, wenn du ihn rufst, in der Nacht, der
Engel.
Er steht im Weg, und er sagt: Nein, der Engel,
groß wie ein Pfahl und hart wie ein Stein –
es müssen nicht Männer mit Flügeln sein, die
Engel.«
(Rudolf Otto Wiemer)

Wie ein Engel hast du dem vom Krieg gezeichneten Hirten geholfen, wieder Mensch zu werden. Durch dich ist ihm ein Licht aufgegangen in seiner dunklen Nacht.
(Eine Kerze wird zum Platz des 1. Hirten gestellt und angezündet.)
Wie einst die Hirten von Betlehem kann auch er sich jetzt zur geweihten Nacht – zur Weihnacht aufmachen.

1. Sprecher/in: Das Volk, das im Dunkeln lebt, sieht ein Licht.

2. Schüler/in: Ich habe hier ein großes Lebkuchenherz. Darauf steht: Ich mag dich. Dieses Herz will ich einem Asylantenkind schenken und mit ihm Freundschaft schließen.

2. Sprecher/in: »Es müssen nicht Männer mit Flügeln sein, die Engel ...« *(Gedicht wird nochmals gelesen.)*

Wie ein Engel hast du dem Asylantenkind, dem von Angst gezeichneten Hirtenkind geholfen, wieder Mensch zu werden. Durch dich ist ihm

ein Licht aufgegangen in seiner dunklen Nacht.
(Eine Kerze wird zum Platz des 2. Hirten gestellt und angezündet.)
Wie einst die Hirten von Betlehem kann auch das Asylantenkind sich jetzt zur geweihten Nacht – zur Weihnacht aufmachen.

1. Sprecher/in: Das Volk, das im Dunkeln lebt, sieht ein Licht.

3. Schüler/in: Ich habe hier eine Thermoskanne mit heißem Tee und eine warme Wolldecke. Die Thermoskanne und die Wolldecke will ich dem Obdachlosen schenken, damit er es etwas wärmer hat.

2. Sprecher/in: »Es müssen nicht Männer mit Flügeln sein, die Engel ...« *(Gedicht wird nochmals gelesen.)*

Wie ein Engel hast du dem von Kälte und Nässe gezeichneten Obdachlosen geholfen, wieder Mensch zu werden. Durch dich ist ihm ein Licht aufgegangen in seiner dunklen Nacht.
(Eine Kerze wird zum Platz des 3. Hirten gestellt und angezündet.)
Wie einst die Hirten von Betlehem kann auch er sich jetzt zur geweihten Nacht – zur Weihnacht aufmachen.

1. Sprecher/in: Das Volk, das im Dunkeln lebt, sieht ein Licht.

4. Schüler/in: Ich habe hier einen leeren Terminkalender mitgebracht und werde jetzt zu dem von der Schule enttäuschten Schüler sagen, daß ich Zeit habe, mit ihm zu lernen, und daß ich ihm in Mathe und Physik helfen kann, damit sich auch hier bald wieder kleine Erfolge einstellen.

2. Sprecher/in: »Es müssen nicht Männer mit Flügeln sein, die Engel ...« *(Gedicht wird nochmals gelesen.)*

Wie ein Engel hast du dem von Angst gezeichneten Schüler geholfen, wieder Mensch zu werden. Durch dich ist ihm ein Licht aufgegangen in seiner dunklen Nacht.

(Eine Kerze wird zum Platz des 4. Hirten gestellt und angezündet.)
Wie einst die Hirten von Betlehem kann auch er sich jetzt zur geweihten Nacht – zur Weihnacht aufmachen; ja, und dann braucht sich auch keiner über das Lied »Stille Nacht, heilige Nacht« aufzuregen.

Zum Abschluß wird »Stille Nacht, heilige Nacht« von den Flöten intoniert.

SCHRIFTTEXTE

Jes 9,1–3.5–6   Das Volk, das im Dunkeln lebt
Lk 2,8–11   Die Verkündigung der Hirten

GEBET

Gott, in der Menschwerdung deines Sohnes Jesus Christus, angekündigt bei den Hirten durch die Engel, hast du deine Liebe zu allen Menschen sichtbar und greifbar werden lassen. Du führst Menschen, die im Dunkeln leben, zum Licht. Du bist Anwalt aller Menschen in ihrer Kleinheit und Schwachheit. Dafür danken wir dir durch Christus, unserem Herrn. Amen.

LIEDVORSCHLÄGE

EH 194	»Weil Gott in tiefster Nacht erschienen«
EH 191	»Geht zu den Ställen heute Nacht«
EH 190	»Wir suchen den Weg«

Franz Keil

Lichtblicke

THEMA

In einer adventlichen Frühschicht bietet es sich an, die jahreszeitliche Stimmung aufzugreifen: Später Sonnenaufgang, früher Sonnenuntergang mit Dämmerung und Dunkelheit prägen die Tage. Manche Menschen leiden daran. Für jedes Lebewesen ist ein Mindestmaß an Licht lebensnotwendig. Im Spätherbst und Winter ziehen Lampen, Laternen, Kerzen unsere Blicke förmlich auf sich. Tagsüber wird ein Sonnenstrahl, der sich durch den oft verhangenen Himmel stiehlt, besonders genossen. Licht verheißt uns in dieser Jahreszeit Wärme und Orientierung. Diese Erfahrungen sollen in dreifacher Hinsicht weitergeführt werden:
1. Es gibt auch Dunkles, Dunkelheiten und Helles, Lichtblicke im übertragenen Sinn im Leben der einzelnen Menschen und in der Welt.
2. Jede Hoffnung, jedes Licht hat einen Urgrund, von dem es gespeist wird. Wir Christen nennen ihn Jahwe, Gott Vater und Mutter. In Jesus Christus, dem Licht der Welt, bekommen wir eine Ahnung von der lebenspendenden Liebe und Kraft unseres Gottes. Keine Nacht kann mehr endlos finster sein, keine Dunkelheit mehr vernichtende Kraft besitzen.
3. Das kann uns die Kraft geben, immer wieder neu anzufangen, selbst Licht zu sein.

Zur Vorbereitung: Gut ist es, wenn eine Religionsklasse die Frühschicht im Unterricht vorbereitet und andere Klassen dazu einlädt. Gemeinsam können in der Klasse die Dunkelheiten in mir selbst (sich nichts wert fühlen, sich unfähig fühlen, sich auf Kosten anderer profilieren ...), die Dunkelheiten in der Welt (Krieg, maßloser Konsum, Gewalt ...) und Lichtblicke (Glücksmomente, Gesundheit, Arbeitsplatz ...) erarbeitet werden.
Ausgewählte Bibelstellen können in Arbeitsgruppen unter dem Gesichtspunkt »Inwiefern kann Jesus als ›Licht der Welt‹ be-

zeichnet werden?« gelesen und anschließend zusammengetragen werden. Die Begriffe (durch Hinhören wahrnehmen, durch Hingehen annehmen, durch Berühren heilen ...) können mit Hilfe einer Wachsfolie und einem Stift auf eine größere Kerze geschrieben werden. So ist dann auch die Übertragung möglich, wie wir heute einander Licht sein können (zuhören, sich Zeit nehmen, verzeihen können, ...).

GESTALTUNGSELEMENTE

Bewußtmachen der Dunkelheiten

Gemeinsam sitzen alle schweigend im Dunkeln. Nach einer Weile wird auf einer *Trommel* ein bedrohlicher Rhythmus gespielt. Dann Stille. In die *Stille* herein werden vereinzelt die erarbeiteten Begriffe von den Schülern und Schülerinnen gesprochen (Reihenfolge klären!), auf die jeweils ein Trommelschlag erfolgt.

Zeitreise

Die Jugendlichen werden gebeten, ihre Augen zu schließen, um sich nicht von Äußerem ablenken zu lassen. Der Raum ist bis auf das Licht der gebastelten Jesus-Kerze dunkel.

Ich möchte mit euch in Gedanken weit weg gehen von hier, von unserer Schule, unserer Stadt. Viele Hunderte von Kilometern fliegen wir, bis wir uns über einem Land befinden, das von Gegensätzen geprägt ist: Gebirge und Flachland und Meer, Wüste und fruchtbares Land, vereinzelt Dörfer, Städte. Beim genauen Hinsehen merken wir, daß wir auch einen Zeitsprung gemacht haben müssen. Keine Autos, nur Lastenesel, wenn es hoch kommt ein Pferdegespann. An Strom und fließend Wasser ist nicht zu denken, Kerzen und Öllampen helfen in der Nacht, Wasser müssen die Frauen an der Quelle des Ortes holen. Statt unserer Fabriken finden wir neben der Landwirtschaft höchstens ein paar kleine Handwerksbetriebe. Leben ist nur möglich, wo die Natur die Menschen ernährt. Leben kann der Mensch hier nur gut, wenn er in eine Gemeinschaft eingebunden ist. Und jeder einzelne hat seinen festen Platz in dieser Gemeinschaft, gehört einer bestimmten Schicht an. Und einige leben am Rand

der Stadt, am Rand der Gesellschaft: Huren und Zöllner, Gottlose und Aussätzige, Besessene und körperlich Kranke wie der Blinde oder die gekrümmte Frau, die keinem mehr ins Gesicht blicken können. Sie sehen für ihre Zukunft schwarz, sie spüren trotz Sonnenlicht Dunkelheit und Kälte um sich.
Doch eines Tages kam einer, der war anders. Aus den unteren Schichten stammend, redete er wie ein Gelehrter. Er paßte in kein Schema. Und dieser ging zu ihnen hin. Er setzte sich zu ihnen. Er hörte ihnen zu. Er sprach mit ihnen. Und er berührte sie. – Und für keinen von ihnen war das Leben mehr wie zuvor. Die Menschen spürten: Da nimmt mich jemand so wie ich bin an. Und sie ließen sich von der wärmenden Nähe und der Lebenskraft, die er ausstrahlte, verändern. Für sie wurde »Leben« wieder möglich.

(Stille)

Laßt die Augen noch geschlossen, verabschiedet euch von den Menschen, den Orten und kehrt über die Wolken hinweg erst noch in Gedanken wieder in unserer Stadt, unserer Schule ein. Wärme und Licht, auch Wärme und Licht eines Menschen, können wir heute ebenso erspüren. Bleibt ruhig sitzen. Ich gehe jetzt mit unserer Kerze direkt zu jedem einzelnen hin. Erst wenn ihr die Wärme, das Licht, wahrnehmt, könnt ihr die Augen öffnen.

Teelichter als Lichtblicke heute

Dunkelheiten in der Welt kennen wir. Und auch Dunkelheiten in uns. Sitzt nicht gelegentlich eine der in der Bibel verachteten Personen in unserer Seele? Wenn wir mit Blindheit geschlagen sind, uns niedergeschlagen oder wie aussätzig fühlen? Doch Jesus kann uns auf die Spur führen, wie auch wir einander Licht sein können.

Nach einer Zeit des Nachdenkens mit meditativer Musik kann jeder und jede ein Teelicht beschriften (wasserfester Filzstift oder Aufkleber) und mit einem Begriff für einen solchen Lichtblick versehen. Die Lichtblicke werden vorgelesen und dazu das Teelicht angezündet. Viele kleine Kerzen, die für viele Erfahrungen und Taten stehen, geben viel Licht und haben eine große Macht.

Sind die Teelichter schon im Unterricht beschriftet, können sie am Schluß an alle Mitfeiernden verschenkt werden.

SCHRIFTTEXTE

Joh 8,12   Ich bin das Licht der Welt
Eph 5,8–9 Kinder des Lichts

GEBET

Jesus,
manchmal seh ich schwarz.
– Wenn ich Nachrichten höre, Zeitung lese:
wie soll das nur weitergehn?
– Wenn ich meinen Koller habe und
mich frage, wem ich wirklich was bedeute.
Hast du mir keinen Rat?
Aber immerhin läßt du dich anjammern von mir.
Das tut mir schon mal gut.
Ich beneide deine Zeitgenossen,
die dich so hautnah erlebt haben.
Deine Kraft hätte ich auch gern gespürt.
Könntest du nicht mal wieder ein paar Engel schicken?
Ohne Flügel wär auch o. k.!
Was? – Ich soll Engel sein und Licht verbreiten?
Du brauchst auch mich?
Ob ich das schaffe?
Jesus, sei doch auch heute nah bei mir!
Laß dich spüren in meinem Leben –
führe mich auf die Spur deines Lichts!
Werde Licht in mir!
Dann wird auch das andere klappen. Amen.

LIEDVORSCHLÄGE

EH 137	»In mir leuchtet ein Stern«
EH 112	»Durch das Dunkel hindurch«
Tr 200	»Eines Tages kam einer«
Tr 59	»Du bist das Licht der Welt«

Susanne Hepp-Kottmann

»Denn in der Herberge war kein Platz für sie«

THEMA

Kerzenschein, Christbaumschmuck, Glockengeläut und Weihnachtslieder lassen das Weihnachtsfest idyllisch erscheinen. Wie sehr aber trügt diese weihnachtliche Idylle, gemessen an der eigentlichen Botschaft von Weihnachten! So wenig wie damals ist heute Weihnachten nur als idyllisches Fest zu beschreiben, nicht zuletzt deswegen, weil sich Szenen der eigentlichen Weihnachtsgeschichte auch heute wiederholen: Ausländern und Fremden werden oft Türen zugeschlagen. Asylsuchende werden in Notunterkünften oftmals außerhalb menschlicher Beheimatung ghettoisiert, und nicht selten erscheint jeder Stall einem Palast ähnlicher zu sein als die unwürdige Behausung, in denen Menschen leben müssen. Auch heute leben viele auf der Straße, sind obdachlos und heimatlos. Junge Familien tun sich sehr schwer, eine geeignete Wohnung zu finden, die bezahlbar ist und die Kindern erlaubt, wie Kinder leben zu dürfen.
Die Vorgeschichte von Betlehem wiederholt sich fast unverändert. Sie bildet den thematischen Rahmen des Gottesdienstes »Denn in der Herberge war kein Platz für sie«. Ausgehend von der Herbergsuche in Betlehem über die Herbergsuche heute, soll deutlich werden, daß Weihnachten erst Weihnachten wird, wenn unsere Türen, mehr noch unsere Herzenstüren geöffnet werden. Vorzubereiten sind Dias bzw. Folien, evtl. ein aufgestellter Türrahmen, ein Türkranz.

GESTALTUNGSELEMENT

Predigtspiel

Die Kirche ist dunkel – Orgelimprovisation zur Nacht
Bild 1: Dia/Folie: Maria und Josef auf Herbergsuche
von Sieger Köder

Sieger Köder, Maria und Josef auf Herbergsuche

1. Sprecher/in: Noch ist es Nacht. Noch ist Betlehem eingetaucht in tiefer Nacht. Noch ist es dunkel und düster für Maria und Josef. Noch sind sie auf dem Weg zur Weihnacht, noch sind sie auf der Suche nach Haus und Heimat, auf der Suche nach einer Herberge, nach einem menschenwürdigen Platz, wo Gott Mensch werden kann. Aber die Türen sind bis jetzt verschlossen, noch werden sie abgewiesen, verachtet und fortgeschickt. Welch eine Tragik! Der Heiland der Welt findet bei seinem Kommen in dieser Welt keinen Raum in einer Herberge.

Meditative Flötenmusik (z. B. »Wer klopfet an«)

Bild 2: Dia/Folie: Herbergsuche von Beate Heinen

Beate Heinen, Herbergsuche

2. Sprecher/in: Auch heute sind Menschen auf der Suche nach Heimat, nach Geborgenheit, nach Wohnung, nach einem Dach über dem Kopf. Dieses Paar steht für alle Herbergsuchenden. Bei so vielen Häusern müßte doch eine Wohnung frei sein.

Doch die beiden entdecken zwar viele hellerleuchtete Fenster, aber kein Fenster wird geöffnet. Und was ganz auffallend ist, an keinem Haus kann das Paar eine Tür entdecken. Trotz der vielen Häuser bleiben sie heimatlos ... Die Frau hat schon resigniert. Ihr Blick wendet sich fragend uns, mir und dir zu:
»Habt ihr vielleicht eine Wohnung für uns, oder wißt ihr, wo eine Wohnung frei ist? Habt ihr Türen an euren Häusern, offene und einladende Türen? Oder bleiben wir auch bei euch heimatlos? Habt ihr ein Herz für Fremde und Obdachlose, für Flüchtlinge und Arme? Müssen auch wir vielleicht raus aus der Stadt in eine menschenunwürdige Behausung? Würde auch bei euch der Heiland der Welt keinen Platz finden?« Wiederholt sich auch heute die Geschichte, die vor 2000 Jahren in Betlehem stattfand?

Flötenmusik

Folie mit folgendem Text wird eingeblendet und vorgelesen (als Schild bzw. Zeitungsannonce):

3. Sprecher/in: Unser Haus ist ein ehrenwertes Haus. Wir vermieten eine 4-Zimmer-Wohnung nur an ein seriöses, älteres, kinderloses, deutsches Ehepaar. Wir sind zwar weder kinder- noch ausländerfeindlich, aber der Stil des Hauses verträgt weder Kindergeschrei noch Ausländer und Asylanten. Haben Sie dafür Verständnis!

4. Sprecher/in: Wie vor 2000 Jahren! Kann so Weihnachten werden? Findet der Heiland der Welt bei seinem Kommen in unserer heutigen Welt auch keine Heimat und Herberge? Oder wird der Heiland der Welt woanders geboren? Bleibt es bei Dunkel und Nacht, oder sind wir vielleicht doch unterwegs zur geweihten Nacht, zur Weihnacht, in der Gott in uns Mensch werden kann und in der jeder und jede Mensch sein kann?

Flötenmusik

Bild 3: Dia/Folie: Stall zu Betlehem von Sieger Köder

Sieger Köder, Stall zu Betlehem

5. Sprecher/in: Obwohl Maria und Josef keinen Platz in der Herberge fanden, wurde die Nacht zur Weihnacht im Stall von Betlehem. Wenn schon kein Herbergsvater die Tür aufmachte, so hat Jesus mit seinem Kommen außerhalb menschlicher Beheimatung Türen für alle aufgeschlossen. Mit seinem Kommen macht er die Tür auf, damit göttliches Licht in menschliche Finsternis hereinbricht.
(Die verschlossene Tür an einem aufgestellten Türrahmen wird geöffnet, Kerzenlicht scheint hervor und erhellt das Dunkel. Es kann auch eine vorhandene Tür im Raum dazu dienen.)

Flötenmusik

6. Sprecher/in: Obwohl auch heute der Heiland der Welt im Gesicht eines Asylsuchenden, im Gesicht eines Ausländers, im Gesicht eines Kindes, im Gesicht von sogenannten unseriösen Leuten oft-

mals keinen Platz in unseren Herbergen findet, kann es auch bei uns Weihnachten werden. Was Gott selbst mit seiner Menschwerdung inszeniert, ist sein Eintreten in unsere Geschichte.
Gott zeigt uns, daß er auf der Seite derer steht, die unterwegs sind, die nirgendwo ein Zuhause haben. Gott steht auf der Seite derer, denen die Türen zugeschlagen werden, für die kein Platz in unserer Gesellschaft ist. In Jesus, dem heruntergekommenen Gottessohn, ist er selbst einer von ihnen geworden. Mit seinem Kommen bittet er uns, unsere Türen, ja unsere Herzenstüren zu öffnen. Er bittet uns, den schönen Adventsbrauch aus Südamerika zu übernehmen. Dort wird ein Kranz mit Kugeln, Bändern und Glöckchen an die Tür gehängt. Damit soll angedeutet werden: Wir haben uns auf das Kommen Jesu vorbereitet, und wir freuen uns, Freunde wie Fremde bei uns zu beherbergen. Vor allem für die Armen bedeutet dieses Zeichen, daß gerade auch für sie die Türen offenstehen, denn ihre Gesichter spiegeln das Gesicht Christi. *(Ein Kranz wird an die aufgestellte Tür gehängt.)*
Der heruntergekommene Jesus bittet uns, nicht nur den schönen Brauch zu kopieren, vielmehr bittet er uns, nicht nur unsere Haustüren, sondern auch unsere Herzenstüren zu öffnen, damit alle aus der Nacht in die geweihte Nacht, in die Weihnacht gelangen.

SCHRIFTTEXT

Lk 2,1-7   Die Geburt Jesu

FÜRBITTEN

Herr Jesus Christus, schon ungeboren warst du mit deinen Eltern auf der Suche nach Herberge und Wohnung. Deshalb bitten wir:

- Wir bitten dich für alle Menschen, die auf der Straße leben und auf Parkbänken oder in Eisenbahnunterführungen übernachten müssen. Laß sie Menschen begegnen, die nicht nur ihre Haustüren, sondern auch ihre Herzenstüren öffnen.
- Wir bitten dich für alle Ausländer und Fremde in unserem Land. Laß sie uns als gastfreundliche Menschen erfahren, bei denen sie offene Türen einrennen.
- Wir bitten dich für alle Flüchtlinge und Asylsuchende. Laß sie in uns Menschen erfahren, die ihnen zur Seite stehen, sie an- und aufnehmen und sie nicht verachten und ablehnen.
- Wir bitten dich für alle, die zwar ein Dach über dem Kopf haben, aber damit noch lange kein Zuhause. Gib uns Kraft, daß wir uns ihrer annehmen, sie in unsere Wohnungen einladen und uns mit ihnen austauschen.

Herr Jesus Christus, in dir finden wir Geborgenheit, Wohnung und Heimat, jetzt und immer. Amen.

GEBET

Herr Jesus Christus, wir alle sind immer unterwegs nach einem Zuhause. Wir alle brauchen Menschen, die ihre Türe öffnen, die für uns Zeit haben, die zuhören können, die uns ernstnehmen und aufnehmen, die Freud und Leid mit uns teilen und uns so ein Zuhause bieten.
Hilf auch uns, daß wir unsere Türen aufmachen, damit andere bei uns Wohnung und Heimat finden und du selbst mit deiner Liebe und mit deinem Frieden in uns heimisch werden kannst. Darum bitten wir heute, morgen, jetzt und immer. Amen.

LIEDVORSCHLÄGE

GL 107	»Macht hoch die Tür«
EH 193	»Stern über Betlehem«

Franz Keil

Wie ein Fest nach langer Trauer

In der Fasten- und Osterzeit

»Wenn ihr fastet ...«

Gottesdienst zum Aschermittwoch

THEMA

Viele Schülerinnen und Schüler mögen die Fastenzeit nicht. Da sie häufig ihre Bedeutung nicht kennen, wissen sie auch nicht, welche Chancen sie ihnen bieten kann. In diesem Gottesdienst können sich die Schüler wiederfinden mit ihren Anfragen und Bedenken. Die Fastenzeit wird aber in ein positives Licht gestellt und »neu beleuchtet«.

GESTALTUNGSELEMENTE

Anspiel zum Evangelium

Nach dem Lied »Laßt uns miteinander« treten Pfarrer, Lehrerin oder Lehrer und Schülerinnen bzw. Schüler nach vorne zu einem Gespräch.

Pfarrer: Frau N., Sie haben da ein Lied ausgewählt und gerade mit allen Schülern gesungen. Haben Sie nicht auch den Eindruck, daß es heute nicht ganz so paßt? Gestern noch wäre es etwas anderes gewesen.

Frau N.: Ja, Herr Pfarrer, Sie haben Recht. Das war ein frohes Lied. In der Faschingszeit hätte es sicher besser gepaßt als heute. Aber es geht halt auch etwas schnell: gestern Faschingsdienstag, heute Aschermittwoch.

Schüler 1 (nach vorne tretend):
Ja, ja, jetzt geht wieder diese Zeit an, die ich überhaupt nicht mag. Ich finde diese Zeit echt doof.

Schüler 2 (hinzutretend):
    Ja, jetzt in der Fastenzeit sollen wir wieder auf Süßigkeiten verzichten und weniger fernsehen.

Schüler 1:   Und spenden sollen wir auch noch.

Schüler 2:   Auf alles, was wir gerne machen, sollen wir verzichten.

Schüler 3 (inzwischen hinzu getreten):
    Nein, was redet ihr da! Das seht ihr ja völlig falsch. Das habt ihr ja offensichtlich überhaupt nicht kapiert.

Schüler 1/Schüler 2:
    Was? – Wie?

Schüler 3:   Jesus hat uns doch dazu etwas gesagt. Stimmt's?

Pfarrer: Ja, das stimmt.

Vorschläge für das Fasten

Nach einer kurzen Predigt über die Möglichkeiten und Chancen, die sich jedem Menschen in der Fastenzeit bieten, zum Beispiel durch Reflexion, Innehalten, bewußter Leben, Neuanfangen, tragen Schülerinnen und Schüler ihre Vorschläge für das Fasten vor.

Fasten ist für mich, wenn ich weniger fernsehe und auf die Serie heute verzichte. In dieser Zeit kann ich in der Küche helfen, und darüber freut sich meine Mutter.

Fasten ist für mich auch, mit anderen zu spielen, die ich nicht so gerne mag. Eigentlich ist es gemein, andere auszugrenzen. Ich erlebe manchen Mitschüler ganz anders, wenn ich mehr Zeit mit ihm verbringe.

Fasten ist für mich, von meinem Taschengeld etwas für die Fastenaktion herzugeben. Im Fastenkalender habe ich gelesen, daß schon mit wenig Geld viel geholfen werden kann. Ich überlege mir genauer, wofür ich Geld ausgebe oder ob ich nicht mehr spenden kann.

Fasten ist für mich, nicht nur die Fehler der anderen zu sehen, sondern einmal mehr auf mich selbst zu achten. Zum Beispiel: Wie begegne ich meinen Eltern und Geschwistern am Morgen beim Frühstück? – Wie begrüße ich meine Klassenkameraden in der Schule? – Bin ich freundlich, meine ich es gut mit ihnen?

Fasten ist für mich, wenn ich jeden Tag einmal bewußt an Gott denke und bete. Ich kann ihm für vieles in meinem Leben danken. Es geht mir eigentlich gut, wenn ich mir Zeit nehme, um mit Gott ins Gespräch zu kommen.

Anspiel zur Aschenbestreuung

Schüler 2: Also irgendwie sehe ich das jetzt anders.

Schüler 1: Ja, eigentlich muß die Fastenzeit keine blöde Zeit sein. Der N. (Schüler 3) hat wohl recht.

Schüler 2: Komm, packen wir's an! Laß es uns probieren! Jetzt gehen wir vor zum Herrn Pfarrer und holen uns ein Aschenkreuz. Es ist ein Zeichen für den Tod, aber auch für neues Leben.

Schüler 1: Du, ich wisch es diesmal draußen nicht gleich ab. Man darf es ruhig sehen. Denn ich glaube doch an Gott und vertraue auf ihn.

SCHRIFTTEXT

Mt 6,16–18   Vom Fasten

GEBET

Gott, Ausgelassensein, Feiern, Lachen und Tanzen der Faschingszeit – das fällt uns leichter als die ernste Fastenzeit, die mit Aschermittwoch beginnt. Beides gehört zu unserem Leben: das unbeschwerte Feiern wie das bewußte Innehalten. Und beides liegt in deinen Händen. Hilf uns, daß wir die Fastenzeit als eine gute Zeit für uns entdecken, in der wir neues über uns, über dich und unsere Mitmenschen erfahren. So bitten wir dich um deine Begleitung, heute am Aschermittwoch und alle Tage. Amen.

LIEDVORSCHLÄGE

Tr 33	»Laßt uns miteinander«
Tr 509	»Wo ein Mensch Vertrauen gibt«
Tr 502	»Ein Mensch, mit dem ich rede«
Tr 52	»Jeder knüpft am eignen Netz«

Reinhard Schlereth

Espolio – Entkleidung

THEMA

Dieser Gottesdienst will die Passion Jesu für die gottesdienstfeiernden Schülerinnen und Schüler in bezug auf ihr eigenes Leben erfahrbar werden lassen. Ausgehend von der entwürdigenden Passion Jesu gibt der Gottesdienst Impulse zum Nachdenken: Wo fängt meine Verantwortung an?
Als Einstiegsimpuls in diesen Gottesdienst wird der Zeichentrickfilm »Espolio« von Sidney Goldsmith gezeigt. Espolio heißt wörtlich übersetzt »Entkleidung«. Gemeint ist die Entkleidung und Entwürdigung Jesu vor der Kreuzigung. Der Film zeigt die Kreuzigung Jesu aus dem Blickwinkel des Zimmermanns, der das Kreuz Jesu anfertigt. Ausgehend von dieser Situation, stellt der Film indirekt die Frage an uns: Wo fängt meine Verantwortung für Geschehendes – in diesem Fall die Kreuzigung Jesu – an, wo und wann werde ich schuldig? So läßt uns der Film sowohl in die Rolle des Zimmermanns als auch in die Rolle des Unrecht erleidenden Jesus treten. Letzteres mit der Frage: Wie würde ich anstelle Jesu reagieren?
Um diese verschiedenen Blickwinkel des Filmes für die Gottesdienstfeiernden hervorzuheben, werden direkt im Anschluß an den Film einige Gedanken dazu vorgetragen. Danach kommen Schülerinnen und Schüler selbst zu Wort. Die beiden Teile »Wenn ich in Jesu Situation wäre ...« und »Wenn ich in der Situation des Zimmermanns wäre ...« geben die Befindlichkeit von einigen Kißlegger Schülerinnen und Schülern (Hauptschule 10. Klasse) wider, so wie sie diese in einer den Gottesdienst vorbereitenden Stunde formuliert haben. In einem kritischen Kontrast zu diesen Äußerungen steht die Reaktion Jesu, der am Kreuz hängend für seine Peiniger bittet: Vater, laß es ihnen nach (Lk 23,34 in der Übersetzung von Fridolin Stier).

GESTALTUNGSELEMENTE

Film

»Espolio« von Sidney Goldsmith
(Fachstelle für Medienarbeit Diözese Rottenburg-Stuttgart, Nr. 1796, 16 mm, 7 min, F)

Gedanken zum Film

Ich mach' nur meinen Job. – Was kann ich dafür, daß dieser Jesus seinen Mund nicht halten konnte. – Schön anständig bleiben, sag ich immer, dann passiert dir nichts. – Mit Politik will ich nichts zu tun haben. Da misch ich mich nicht ein. Ich mach einfach nur, was man mir sagt. – Was ist da schon Schlechtes dabei? – Ich muß schließlich auch leben! – Ich kann mich nicht auch noch um die anderen kümmern.

Das ist doch mir egal, wenn der neben mir eins auf die Fresse kriegt. – Selber schuld, wer sich nicht unterordnen und anpassen kann. – Ich schau am besten gar nicht hin, wenn es einem anderen schlecht geht. – Ich hab mit mir selbst genug zu tun. – Wenn's ich nicht tue, dann tut's ein anderer. – Ich bin ich, und ein anderer interessiert mich nicht. – Ich will nichts sehen, nichts hören, nichts sagen! – Was kann ich denn da schon machen? Ich mach nur meinen Job!

Musik

Wenn ich in Jesu Situation wäre ...
... dann hätte ich Angst vor dem Tod und vor den Schmerzen.
... dann würde ich verzweifeln und die Hoffnung verlieren.
... dann würde ich mich wehren, mich rechtfertigen und mir dies nicht gefallen lassen.
... dann hätte ich Angst vor dem Dorftratsch.
... dann würde ich all die hassen, die mich in diese Situation gebracht hatten.
... dann würde ich mich selbst umbringen.
... dann wollte ich nicht vor der johlenden Menge ausgezogen und aufgehängt werden.

Wenn ich in der Situation des Zimmermanns wäre ...
... dann hätte ich weiter meine Arbeit getan, um am Ende nicht wie Jesus gekreuzigt zu werden.
... dann bliebe mir nichts anderes übrig, als das zu tun, was mir aufgetragen wurde.
... dann würde ich genauso handeln wie der Zimmermann, sonst könnten sie vielleicht mich umbringen. Er will ja nur seine Arbeit gut machen.
... dann würde ich mich weigern, Kreuze zu machen.
... dann würde ich mich selber umbringen.
... dann hätte ich das Gleiche getan, eben das, was von mir verlangt wird.

Kyrie

Guter Gott, dies alles, all unser Unvermögen, unsere Spannungen, unsere Ängste, alle unsere Aggressionen legen wir in deine Hände. Erbarme dich.

SCHRIFTTEXT

Lk 23,33–38   Die Kreuzigung Jesu

FÜRBITTEN

Laßt uns beten zu Jesus Christus, der sogar als Gekreuzigter seinen Feinden vergeben hat:

- Die Soldaten haben Jesus ans Kreuz genagelt. Auch heute quälen Menschen unschuldige Mitmenschen zu Tode.
  Wir bitten für sie:
  (Antwort: Herr, vergib ihnen!)

- Die Soldaten verlosten die Kleider von Jesus. Auch heute stellen Menschen andere bloß.
  Wir bitten für sie:

- Die Leute verspotteten Jesus am Kreuz. Auch heute lachen Menschen andere in Not aus, anstatt ihnen zu helfen.
  Wir bitten für sie:

- Die Leute verhöhnten Jesus am Kreuz, weil er auf Gott, seinen Vater, vertraute. Auch heute verfolgen Menschen andere wegen ihres Glaubens an Gott.
  Wir bitten für sie:

- Obwohl Jesus immer für andere Menschen da war und nichts Unrechtes getan hat, mußte er am Kreuz sterben. Auch heute töten Menschen unschuldige, wehrlose Menschen.
  Wir bitten für sie:

Was wir erbeten haben, das gewähre uns Jesus Christus, der unser Bruder ist.

SEGEN

Die Mitte der Nacht ist der Anfang des Tages,
die Mitte der Angst ist der Anfang der Kraft.
Guter Gott,
sei in den dunklen Augenblicken
unserer Schuld – unseres Hasses.
Sei du mit uns
in der Finsternis der Verzweiflung – der zerbrochenen Beziehungen.
Sei du mit uns,
in der Nacht der Sinnlosigkeit – der Einsamkeit.
Sei du mit uns,
erfülle uns mit deinem Licht.
So segne uns Gott Vater, Sohn und Heiliger Geist. Amen.

LIEDVORSCHLÄGE

GL 358,3   »Herr, erbarme dich«

Tr 21   »Laß uns in deinem Namen«

Jeanette und Ansgar Krimmer
(Fürbitten: Monika Kuhm, Bad Waldsee)

Belastendes bei Christus abladen

THEMA

Im Mittelpunkt dieses Gottesdienstes steht das Bekenntnis, daß Christus für unsere Schuld am Kreuz gestorben ist. Die Schülerinnen und Schüler sollen erkennen, daß wir alles Belastende in unserem Leben bei Christus abladen dürfen, sie sollen die befreiende Kraft dieser Botschaft erfahren. Sie haben in diesem Gottesdienst die Möglichkeit, ihre persönlichen Probleme auf einen Zettel zu schreiben, der dann an ein Holzkreuz geheftet wird. Der Gottesdienst wird mit einer Religionsklasse vorbereitet.

GESTALTUNGSELEMENTE

Einführung

In der Zeit vor Ostern denken wir an Jesu Leiden und Tod, und wir bekennen: Christus ist für unsere Schuld am Kreuz gestorben. Auch wenn uns diese Botschaft fremd klingen mag, sie hat, wenn wir sie für uns gelten lassen, eine befreiende Kraft. In diesem Gottesdienst soll die Möglichkeit sein, alles Belastende bei Christus abzuladen.

Was uns belastet *(erarbeitet und vorgetragen von Schülerinnen und Schülern)*

Sechs Schüler kommen nach vorne an den Altar. Ein Holzkreuz ist aufgebaut. Nachdem die Schüler jeweils vorgetragen haben, was sie und ihre Klassenkameraden belastet, heften sie ihren Zettel mit einer Reißzwecke oder Nadel an das Holzkreuz.

A: In einer Religionsstunde haben wir zusammengetragen, was jeden von uns belastet, was uns Kummer und Sorgen macht. Folgendes wurde unter anderem aufgeschrieben:

B: Mich belastet, daß ich unglücklich verliebt bin. Ich habe Liebeskummer. Mich belastet, daß meine beste Freundin so weit weg von mir wohnt.

C: Mich belastet der schulische Druck durch die kommenden Prüfungen. Mich belastet, daß ich fast keine Freizeit habe. Ich habe Angst, wie es nach der Schule weitergeht.

D: Mich belastet die Scheidung meiner Eltern. Mich belastet der dauernde Streit mit meinem Bruder. Mich belastet, daß mein Vater keine Zeit für mich hat.

E: Mich belastet, daß ich einen Streit mit meiner besten Freundin hatte. Ich habe sie sehr verletzt. Ich weiß, daß es blöd war.

F: Mich belastet im Moment gar nichts. Darüber bin ich froh.

Aktion »Belastendes bei Christus abladen«

(Vor dieser Aktion bzw. am Eingang der Kirche bekommen die Schülerinnen und Schüler ein kleines Blatt Papier und, wenn nötig, einen Stift. Während der Aktion spielt Instrumentalmusik.)

Wir haben nun Folgendes mit euch vor. Ihr habt von uns allen einen Zettel und einen Stift bekommen. Wir laden euch ein, daß ihr nun selber auf diesen Zettel schreibt, was euch belastet, was euch Sorgen macht, was euch bedrückt.
Wenn ihr fertig seid, dann kommt nach vorne und heftet euren Zettel auch an dieses Holzkreuz. So wird deutlich, daß wir alles bei Christus abladen dürfen.

(Bei großen Schülerzahlen besteht auch die Möglichkeit, daß die Schüler ihre Zettel einmal zusammenfalten und an einen an der Seite sitzenden Schüler weitergeben. Die Schüler der Religionsklasse, die den Gottesdienst mit vorbereitet haben, sammeln die Zettel ein und heften sie vorne an das Kreuz.)

Ansprache

Hier habe auch ich meinen Zettel. Ich werde ihn ebenfalls gleich ans Kreuz heften. Dies zeigt: Ob als Schüler oder Lehrer, ob jung oder alt, wir alle kennen sie: die Sorgen und Nöte, die Probleme und Ängste, die Schuld und den Ärger. Diese dunklen Seiten gehören genauso zu unserem Leben wie die Freude und das Glück. Wir können und brauchen sie nicht zu leugnen.

Aber wir sollten nie vergessen: In allen Dunkelheiten unseres Lebens haben wir eine Zuflucht. Es gibt jemanden, bei dem wir alles abladen dürfen, wie das in unserer Aktion deutlich wurde. Es gibt jemanden, zu dem wir immer im Gebet kommen dürfen: Christus. Ihm können wir alles anvertrauen. Er, der selber viel Schweres durchgemacht hat bis zum Tode am Kreuz, versteht uns, er schenkt uns neue Kraft und neuen Mut, er vergibt uns alle Schuld und hält an uns fest.

Vergeßt es nicht. Denkt daran, wenn es euch schlecht geht. Sicher, Christus löst nicht alle unsere Probleme, es wird auch weiterhin dunkle Stunden in unserem Leben geben, aber er schenkt neue Kraft und neue Zuversicht und vergibt alle Schuld.

SCHRIFTTEXT

Jes 53,1–5   Das vierte Lied vom Gottesknecht

GEBET

Herr Jesus Christus, du weißt, was uns froh und glücklich macht, was uns wertvoll ist und Freude schenkt. Du weißt aber auch um das, was uns ängstigt, was uns Sorgen bereitet und uns belastet. Du kennst die Dunkelheiten in unserem Leben.

Herr, schenke du uns immer wieder neue Kraft und neuen Mut. Vergib uns unsere Schuld und befreie uns von aller Angst. Hilf uns, schwere Zeiten durchzustehen. Herr, das bitten wir besonders auch für alle an unserer Schule, denen es derzeit schlecht geht. Amen.

LIEDVORSCHLÄGE

LfJ 560	»Ich lobe meinen Gott«
LfJ 359	»Aus der Tiefe rufe ich zu dir«
LfJ 522	»Fürchte dich nicht«
LfJ 636	»Wie ein Fest nach langer Trauer«

Tobias Schart

Da kräht doch kein Hahn danach!

THEMA

Der Gottesdienst in der Fastenzeit zur Vorbereitung auf Ostern lädt Schüler und Lehrer dazu ein, anhand der biblischen Figur des Petrus das eigene Verhalten zu überdenken. Es stellt sich die Frage, ob wirklich ein Hahn danach kräht, wie wir uns verhalten. Der Gottesdienst bietet bewußt keine fertige Lösung oder Antwort auf diese Frage an. Er will alle vielmehr – auch in besinnlicher Weise – zum Nachdenken und Weiterdenken führen.
Mich selber sehen wie ich bin, mit meinen Stärken, aber auch mit meinen Schwächen, ist schwer. Manchmal ist ein Zeichen von außen nötig, um zu erkennen, daß mein Verhalten schlecht, lebensfeindlich oder einfach mir selber untreu ist. Bei Petrus ist es der Schrei des Hahnes. Im Alltag sind es oft Bemerkungen oder Reaktionen anderer Menschen, die mich auf mich selbst aufmerksam machen.
Aufmerksamkeit und Wahrnehmungsfähigkeit muß geschult, eingeübt werden, auch im Gottesdienst. Eigenes Fehlverhalten erkennen und infrage stellen soll deshalb im Gottesdienst auf unterschiedliche Weise erlebt werden, bzw. ein unterschiedlicher Zugang soll ermöglicht werden:
Ein Zugang ist ein Rollenspiel, das von Lehrkräften vorgetragen wird; ein anderes kann im Unterricht mit Schülern erarbeitet und beigesteuert werden;
der Bibeltext wird ebenfalls von einer Schülergruppe (Unterstufe) als Rollenspiel dargestellt. Deutende Worte zum Bibeltext führen hin zu einer bewußten Wahrnehmung der Petruserfahrung:
Die Schüler werden eingeladen, Passagen aus der Vertonung von J. S. Bach zu hören. Besonders die letzten Sätze des Evangelisten berühren den aufmerksamen Zuhörer so, daß er zumindest die Erfahrung des Petrus nachvollziehen kann oder sich sogar selbst angesprochen fühlt, ohne dabei bloßgestellt zu werden.

GESTALTUNGSELEMENTE

Anspielszene der Lehrer zu Beginn des Gottesdienstes

Szene 1:
Drei Stühle mit dem Schild »Auto« stehen sichtbar »geparkt« auf der Bühne. Nacheinander steigen drei Lehrer in ihre »Autos« und fahren zur Schule. Sie setzen sich in einen Stuhlhalbkreis, nach vorne geöffnet.

Szene 2:
Die drei Lehrer unterhalten sich über die Zeitungslektüre des Wochenendes:
Lehrer 1 hat über den Klimagipfel gelesen und erzählt davon;
Lehrer 2 bestätigt dieses und steuert seine Erkenntnisse zur Ozonschicht bei;
Lehrer 3 spricht über die Erwärmung des Klimas;
Lehrer 1 ergänzt das Schmelzen der Gletscher.
Lehrer 2 Wie soll das alles weitergehen?

Unterbrechung, da *Lehrer 4* mit dem Auto angerast kommt. *Lehrer 1–Lehrer 3* begrüßen ihn, Frage nach seiner Eile.

Lehrer 4: Gerade noch pünktlich geschafft! Eigentlich wollte ich mit dem Fahrrad kommen, am Wochenende habe ich es mir fest vorgenommen. Aber dann las ich in der Zeitung so Interessantes über den Klimagipfel, und flugs war es zu spät. Da habe ich doch das Auto genommen.
Lehrer 1: Im Prinzip hast du recht, ich wollte auch schon mal mit dem Bus fahren.
Lehrer 2: Ich auch.
Lehrer 3: Also ich weiß nicht, was ihr habt, ein Auto mehr oder weniger, da kräht doch kein Hahn danach.
Lehrer 4: Oder doch?

Darstellung von Mk 14,66–72 als Rollenspiel

Besinnung zu Mk 14,66–72

Der Hahn hat gekräht, nachdem Petrus Jesus verleugnet hat. Petrus hatte Angst, die Wahrheit zu sagen: Ja, ich kenne diesen Jesus. Er ist mein Freund, ich halte zu ihm. Der Mut hat Petrus ver-

lassen. Ehrlich zu sein, wäre ihm schlecht bekommen, vielleicht hätte er mit dem Leben bezahlen müssen. Wir können Petrus sicher gut verstehen.
Aber der Hahn hat gekräht. Petrus weiß Bescheid, wir auch. Wenn der Hahn kräht, sagt uns die Erfahrung des Petrus, wird uns unser falsches Handeln bewußt. Wir erkennen, was wir getan oder nicht getan haben.
Und heute? Kräht heute ein Hahn danach, ein Hahn nach uns? Wir handeln, wir verletzen andere, wir streiten auf unfaire Weise, wir schummeln – und es kräht kein Hahn danach. Niemanden interessiert es, wenn wir nicht hilfsbereit sind, nicht den Mund aufmachen, wo es nötig ist. Es kräht kein Hahn danach.
Oder doch? Kräht da nicht doch ein Hahn danach, was wir tun? Wenn sich jemand über mich freut oder ärgert, wenn mich einer böse oder freundlich anschaut, wenn mich jemand blöd oder toll findet ... dann kräht er doch, der Hahn! Denn wenn andere auf mein Handeln reagieren, wird mir bewußt, wie ich bin und wie ich wirke. Das ist das Ziel: ich werde mir selbst darüber bewußt, ich erkenne, wie und wer ich bin, was ich tue oder getan habe.
Also lassen wir den Hahn ruhig krähen, laut und hörbar, denn sein Krähen tut uns gut.

Überleitung zur Musik von J. S. Bach

Johann Sebastian Bach hat unsere biblische Geschichte von Petrus und dem Hahn gekannt und dazu eine Musik komponiert. Versucht einmal genau hinzuhören, dann könnt ihr vielleicht entdecken, wie der Hahn kräht und wie es dem Petrus zumute ist. Wer möchte, kann dazu die Augen schließen oder bei geöffneten Augen den Text mitlesen, der auf dem Liedblatt abgedruckt ist.
(J. S. Bach, Matthäuspassion: Nr. 14, 16, 38a, 38b, 38c)

SCHRIFTTEXT

Mk 14,66-72   Die Verleugnung durch Petrus

FÜRBITTEN

Wir wollen miteinander und füreinander beten und antworten auf die Bitten mit dem Liedruf »Herr, erbarme dich«.

- Viele Menschen fürchten sich davor, ehrlich zu sich selbst zu sein. Sie haben Angst, sich zu sehen, wie sie wirklich sind. Hilf ihnen, erste Schritte zu einem kritischen Umgang mit ihrem eigenen Verhalten zu tun.
- Manchmal ist es bequemer zu schweigen, als andere mit meiner Stimme zu unterstützen. Hilf uns zu lernen, wo wir für andere eintreten können.
- Große Worte sind schnell gesprochen. Hilf uns, jeden Tag kleine Schritte zu tun, damit wir uns selbst und unsere Welt zum Guten verändern.

Herr Jesus Christus, dir ist es nicht gleichgültig, was wir tun und lassen. Du erinnerst uns immer wieder an das Gute. Dafür danken wir dir. Amen.

LIEDVORSCHLÄGE

Tr 292	»Ich möcht, daß einer mit mir geht«
Tr 235	»Gott liebt diese Welt«
Tr 123	»Menschen auf dem Weg«
Tr 165	»Herr, erbarme dich«

Beate Brielmaier

Laß uns den Weg der Gerechtigkeit gehn

Verantwortung für die Welt

Straßenkinder

THEMA

Angeregt durch Berichte in Medien, vor allem aber durch die Erzählung einer Ordensfrau, die in Brasilien in einer Einrichtung für Straßenkinder tätig ist, begannen die Schülerinnen und Schüler, sich mit diesem Thema auseinanderzusetzen. Im Religionsunterricht konnte dieses Thema im Zusammenhang mit den kirchlichen Hilfsorganisationen Misereor und Renovabis aufgegriffen werden. Ursachen der Armut und soziale Zusammenhänge wurden angesprochen, ebenso die Problematik von Straßenkindern in Ländern Osteuropas oder auch in Deutschland. Am meisten Interesse bestand aber daran, sich in die Lebenssituation der Straßenkinder hineinzuversetzen und diese mit dem eigenen Lebensstandard in Beziehung zu bringen. Der Gottesdienst wurde in der Fastenzeit gefeiert.

Vorbereitung

Etwas zum Verkleiden der »Straßenkinder«, z. B. Strohhut, Juteoder Plastiksack, große Jacke, Schuhbürste, Lappen. Einige selbstgemachte Papierblumen. Ein großer Karton und eine Strandmatte für den Schlafplatz der Straßenkinder, eine Decke, ein Kissen, einige Kuscheltiere als Ort für ein Kind bei uns. Wecker. Zeitung.

GESTALTUNGSELEMENTE

Einstimmung ins Thema

Schon auf dem Schulhof und in den Gängen begegnen den Mitschülerinnen und Mitschülern »seltsame Gestalten« in ärmlicher Kleidung: Es sind »Straßenkinder«. Diese putzen Schuhe, verkaufen Blumen, betteln, sammeln Müll.
Zu Beginn des Gottesdienstes kommen diese Straßenkinder dann in den Gottesdienstraum.

Einführung

Der Gottesdienst wurde von einer Sprecherin eingeführt, die nicht verkleidet war.

Sprecherin: Was wir hier sehen, ist für viele Kinder in Ländern Osteuropas, auch in Deutschland und besonders in Südamerika Alltag. Straßenkinder in Brasilien verdienen zum Beispiel ihren Lebensunterhalt durch Schuhe putzen, Müll sammeln, betteln, durch den Verkauf von selbstgebastelten Papierblumen. Doch viel Geld verdienen sie dabei nicht. Die Straßenkinder sagen selbst etwas dazu:

1. Straßenkind: Hallo, ich bin Raschka und lebe seit zwei Jahren auf der Straße, weil unsere Hütte am Stadtrand von Soldaten einfach abgerissen wurde. Ich bastle Blumen und verkaufe sie.

2. Straßenkind: Ich bin Mona, ich putze Leuten auf der Straße Schuhe. Weil man früh anfangen muß und meine Familie weit draußen in einer Armensiedlung lebt, schlafe ich auf der Straße. Manchmal gehe ich heim und bringe etwas Geld dorthin.

3. Straßenkind: Hallo, ich bin Jonas und lebe mit meiner kleinen Schwester *(zeigt auf seine Schwester)* auf der Straße, weil Vater von der Polizei verhaftet wurde und die Mutter krank ist. Wir sammeln Müll und verkaufen Papier und Metalldosen an Händler. Doch viel gibt es nicht dafür.

Sprecherin: Die Not und das Elend, in denen Straßenkinder leben, machen uns betroffen. Immer wieder sehen wir Bilder im Fernsehen, lesen über sie in Zeitschriften und hören Berichte. Darum wollen wir uns im Gottesdienst mit diesem Thema beschäftigen. Als junge Christinnen und Christen gehören wir zusammen – nicht nur hier im Gottesdienst, sondern weltweit.

Kyrie

Mir geht es gut. Ich habe jeden Tag genug zu Essen und zu Trinken. Manchmal gehe ich mit den Eltern und Geschwistern in eine Gaststätte zum Essen. Trotzdem meckere ich an vielem herum und bin anspruchsvoll.

Liedruf: »Herr, erbarme dich«

Für mich ist vieles selbstverständlich, was meine Eltern für mich tun: Ich bekomme neue Kleidung, und meine Wäsche wird gewaschen, ich habe ein eigenes Zimmer und einen CD-Player. Trotzdem bin ich manchmal neidisch auf andere und will mehr haben.

Liedruf: »Herr, erbarme dich«

In meiner Freizeit kann ich viel mit meinen Freundinnen unternehmen: wir gehen ins Kino, zum Schwimmen und im Winter zum Schlittschuhlaufen. Ich bekomme Taschengeld und muß mir selten Sorgen machen. Trotzdem bin ich auch undankbar und unzufrieden.

Liedruf: »Herr, erbarme dich«

Spielszene

Gegenüberstellung eines Tagesablaufes »Straßenkinder – wir bei uns«.

Im Raum wird mit einem großen Karton und einer Strandmatte ein Schlafplatz der Straßenkinder angedeutet. Daneben wird mit ein paar zusammengestellten Stühlen als Bett, Bettzeug, Kuscheltieren etc. ein Zimmer eines Kindes bei uns dargestellt. Zwei Sprecher/Sprecherinnen nennen jeweils die Uhrzeit, eine Schülerin und ein Straßenkind sprechen abwechselnd die Sätze zum jeweiligen Tagesablauf (oder die Sprecherin und der Sprecher übernehmen auch die Sätze zum Tagesablauf und der Schüler/die Schülerin spielt in einfacher Pantomime entsprechend mit).

TAGESABLAUF EINES KINDES BEI UNS

6.00 Uhr: *(Wecker klingelt)* Oh, bin ich noch müde. Diese dumme Schule. Ich habe gar keinen Bock.

6.15 Uhr: Ah! Mama hat schon frische Wecken geholt und Butter und Marmelade daraufgestrichen. Mmm, die schmecken wirklich gut.

6.35 Uhr: Super, Mama! Du hast meine Kleider ja schon an die Heizung gehängt. Jetzt sind sie schön warm.

6.45 Uhr: Mama, Mama! Der Schulbus fährt gleich weg. Kannst du mich nicht schnell mit dem Auto zur Haltestelle fahren? Ach, kannst du mir noch Geld geben? Ich will mir in der großen Pause noch etwas zu Essen und Trinken kaufen.

12.30 Uhr: Hallo Mama, hier bin ich wieder. Na, was gibt es zum Essen? Cool! Pommes und Schnitzel! Hey – und Nachtisch gibt es auch noch!

14.30 Uhr: Puh, endlich fertig mit den Hausaufgaben! Was mach ich denn jetzt? Soll ich in das Kino gehen oder Skater fahren? Ich hab es! Ich gehe mit Moni in die Stadt. Ich will mir noch eine Hose kaufen und da gibt es die Levis gerade im Sonderangebot für 129 DM.

17.30 Uhr: Schick, meine neue Hose! Jetzt komme ich gerade rechtzeitig zu meiner Lieblingsfernseh-Serie.

19.00 Uhr: Hey cool, Mama. Es gibt Hawaii-Toast. Du, Mama, stell dir vor, die Moni hat keinen CD-Player. Das hat doch jeder. Die lebt ja hinter dem Mond, die ist total out!

20.30 Uhr: Wieder ein Tag vorbei. War das anstrengend. Aber der Tag war eigentlich ganz o. k.

20.35 Uhr: So, jetzt in das warme Bett. Mama, machst du mir noch eine Wärmeflasche?

TAGESABLAUF EINES STRASSENKINDES

6.00 Uhr: Oh, die Sonne geht gerade auf. Schau, da drüben gehen die Kinder der reichen Leute zur Schule. Ich würde auch gerne zur Schule, aber ich muß auf die Straße und Papierblumen verkaufen. Wie schade, so kann ich nie einen richtigen Beruf lernen.

6.10 Uhr: Mmm, mein Magen knurrt. Ich bin so hungrig. Aber in den Mülleimern werde ich nichts finden, denn die Müllabfuhr war schon da. Vielleicht ist Silja früher aufgestanden und hat noch etwas Eßbares gefunden.

6.25 Uhr: Mir ist so kalt, mein Poncho hat so viele Löcher. Ich könnte einen neuen gebrauchen. Aber wie komme ich zu einem neuen Poncho? Ich habe ja kaum Geld. Na ja, vielleicht kann ich vor einem Haus der Reichen etwas betteln.

6.30 Uhr: Ich habe kaum mehr Material, um neue Blumen basteln zu können! Hoffentlich verkaufe ich von den fertigen Blumen welche. Mutter wartet auch dringend auf etwas Geld zum Essen kaufen.

12.30 Uhr: Oh, heut habe ich wirklich Glück! Ich habe ein halbes Brot am Straßenrand gefunden. Das hat sicher jemand verloren – etwas Eßbares wirft man doch nicht weg! Bin ich froh, daß ich etwas zum Essen gefunden habe!

14.30 Uhr: Hey, Silja, stell dir vor, ich habe heute schon 12 Pfennige verdient. Jemand hat mir etwas abgekauft!

16.30 Uhr: So, jetzt muß ich mir aber einen Schlafplatz suchen. Ich hoffe, ich finde eine Ecke, die etwas abseits liegt und wo ich etwas versteckt bin. Gestern Nacht erst hat die Polizei uns gejagt und wir mußten flüchten!

19.00 Uhr: So, ich habe einen Schlafplatz hinter einem Kaufhaus – die Ventilatoren blasen sogar etwas warme Luft heraus – das ist gut! Jetzt noch den Rest vom Brot essen. Leider habe ich nichts zu trinken! Essen und Trinken sind das Allerwichtigste!

20.30 Uhr: Diese Zeitung bringt auch nicht viel als Zudecke. Es zieht so. Brr, ich habe kalte Füße.

SCHRIFTTEXT

Lk 10,25–37   Das Gleichnis vom barmherzigen Samariter

GEBET

... daß wir alle Schwestern und Brüder sind

Es gibt so viele Menschen, die leiden und büßen,
nur weil viele nicht wissen oder vergessen haben,
daß wir alle Schwestern und Brüder sind.

Es gibt so viele Menschen, die hungern und es schwerhaben,
nur weil viele nicht wissen oder vergessen haben,
daß wir alle Schwestern und Brüder sind.

Es gibt so viele Menschen, die betrogen und ausgebeutet werden,
nur weil viele nicht wissen oder vergessen haben,
daß wir alle Schwestern und Brüder sind.

Es gibt so viele Menschen
ohne Arbeit und ohne ein Dach über dem Kopf,
nur weil viele nicht wissen oder vergessen haben,
daß wir alle Schwestern und Brüder sind.

Es gibt so viele Menschen, die das Leben genießen,
ohne an die zu denken, die leiden,
nur weil viele nicht wissen oder vergessen haben,
daß wir alle Schwestern und Brüder sind.

Es gibt so viele Dinge, die übrigbleiben und verderben,
nur weil viele nicht wissen oder vergessen haben,
daß wir alle Schwestern und Brüder sind.

Es gibt so viele Menschen, die schuften und schwitzen,
aber nicht sie, sondern andere bekommen das Geld und werden reich,
nur weil viele nicht wissen oder vergessen haben,
daß wir doch alle Schwestern und Brüder sind.

(Aus Brasilien)

LIEDVORSCHLÄGE

EH 173	»In Ängsten die einen«
Tr 249	»Kum ba ya my lord«
Tr 209	»We shall overcome«

Rudi Kaiser

Den »Müllbaum«
von seiner Last befreien

THEMA

Bäume stehen für Leben, Natur, Wohlbefinden. Sie spenden Schatten, verbessern die Luft, schlucken Lärm und schützen vor Wind und Regen. Zu besonderen Anlässen stellt man geschmückte Bäume auf, so den Weihnachtsbaum oder den Maibaum.
Ein Müllbaum stellt also in mehrfacher Hinsicht eine Provokation dar: Er ist nicht geschmückt, sondern durch den Müll verunstaltet. Er weist auf die Gefährdung der Umwelt und Zerstörung von Lebensraum hin. Er läßt keine Feststimmung aufkommen, sondern macht ein schlechtes Gewissen und ruft uns zum Umdenken auf.

GESTALTUNGSELEMENTE

Baum

Vor dem Altar steht ein junger Baum (mit Ballen, damit er später eingepflanzt werden kann). Er ist behängt mit großen und kleinen Plastiktüten, leeren Getränkedosen und Einwegflaschen, Alufolienstreifen, bunten Folien und Geschenkpapier, aufwendigen Umverpackungen und Schmuckschleifen, Einweggeschirr und entsprechendem Besteck usw.
Bei dem Baum liegen Papierblätter (in Blattform geschnittenes Tonpapier in verschiedenen Grüntönen) mit guten Vorsätzen. Die Blätter sind mit dünnen Drähten oder Bändchen versehen, so daß sie leicht am Baum befestigt werden können.

Hinführung

Seht diesen Baum! Schön ist er nicht, weil er mit Dingen behängt ist, die wir normalerweise ganz schnell wegschieben, nämlich in

die Mülltonne. Dort sehen und riechen wir nichts mehr von unserem Müll. Und weil die Tonne doch regelmäßig geleert wird, braucht uns der Müll, den wir produzieren, nicht mehr zu stören – oder doch?
Tatsache ist, daß die Müllmenge wächst; man spricht von Müllbergen und Müllfluten, die uns bedrohen.
Deponieraum wird knapp; Müllverbrennungsanlagen reduzieren zwar die Müllmenge, belasten aber die Luft durch giftige Abgase.
Altlasten – das sind alte Deponien, in die man vor Jahren und Jahrzehnten wahllos und sorglos alles Mögliche verfüllt hat – gefährden heute unser Grundwasser. Ob die neuen Deponien wirklich so abgesichert sind, wie die Betreiber beteuern, muß sich erst zeigen.
Man liest von Siedlungen, die unbewohnbar geworden sind; sie waren auf ehemaligen Müllkippen errichtet worden, in deren Tiefe nach und nach durch chemische Reaktionen hochgiftige Stoffe entstanden sind.
So wie unser Baum hier fast unter seiner Last zusammenbricht, so drohen Teile der Erde im Müll zu ersticken bzw. vom Müll vergiftet zu werden.

Kyrie

Gott, du Schöpfer der Welt, deine Schöpfung kennt keinen Müll. Alles Abgestorbene oder nicht mehr Verwendbare geht in den großen Kreislauf der Natur zurück, wo es Nährstoff für neues Leben wird. Müll ist ein Problem, das von uns Menschen geschaffen wurde. Wir produzieren viele Dinge, die sich nicht oder nur schwer auf natürliche Weise entsorgen lassen.

Viele von diesen Dingen sind überflüssig, werden aber trotzdem gekauft und deshalb immer weiter produziert.
Herr, erbarme dich.

Wir wissen um die Probleme, haben aber oft keine Lust, uns damit zu befassen.
Christus, erbarme dich.

Oft kennen wir Lösungswege, sind aber zu bequem, sie konsequent zu gehen.
Herr, erbarme dich.

Aktion: Der Müllbaum wird von seiner Last befreit

Die einzelnen Müllstücke werden nacheinander von dem Baum abgenommen. Jeweils dazu passende Vorsätze zur Müllvermeidung, die auf grüne Blätter aus Tonpapier geschrieben wurden, werden gesprochen und die Blätter dann an den Baum gehängt.

Es wird Zeit, diesen armen Baum von seiner schäbigen Last zu befreien, damit er leben kann. Die beste Voraussetzung für bessere Lebensbedingungen wäre, Müll zu vermeiden. Und was man nicht vermeiden kann, muß wohlüberlegt entsorgt werden. Wichtigstes Gebot ist hier, alles Wiederverwertbare auszusortieren.

- Ich will auf die übliche Plastiktüte verzichten. Ich nehme einen Einkaufskorb oder Baumwollbeutel zum Einkaufen mit.

- Ich will aufwendige Verpackungen vermeiden. Wo immer es möglich ist, werde ich lose Ware kaufen oder Sachen, die nur einfach verpackt sind.

- Laßt uns auf Getränke in Dosen oder Einwegflaschen verzichten! Pfandflaschen sind erst nach ca. 30 Durchläufen nicht mehr einsetzbar.

- Das Schulbrot in Alufolie einzupacken ist auch nicht nötig. Eine Butterbrotdose ist umweltfreundlicher und kostengünstiger.

- Einweggeschirr bei Festen macht zwar weniger Arbeit, vergrößert aber den Müllberg. Von einem festen Teller und mit »richtigem« Besteck schmeckt es ohnehin besser!

- Papier gehört nicht in die Papiertonne. Die Flut der schönen bunten, aber weitgehend überflüssigen Hochglanzprospekte läßt sich eindämmen, wenn viele Leute die Annahme verweigern.

- Glas gehört in den Glascontainer.

- Dosen und Plastikabfälle, soweit sie sich nicht vermeiden lassen, gehören in den gelben Sack.

- Küchenabfälle und Baumabschnitte können kompostiert werden.

– Der BUND weist in jedem Herbst wieder darauf hin, daß Laub kein Abfall ist, der die Mülltonnen füllen sollte, sondern in den Kreislauf der Natur gehört. Das verrottende Laub gibt nicht nur wertvollen Dünger für den Garten ab, es bietet auch manchem Kleingetier Lebensraum und schützt zudem den Boden unter Bäumen und Sträuchern vor dem Austrocknen.

Unser Baum ist nun frei von Müll. Die Papierblätter, die wir ihm dafür verpaßt haben, werden uns noch lange an unsere guten Vorsätze erinnern.

Text zur Besinnung

Wider die Erschöpfung (Vision von der Heilung)

Am Anfang erschöpfte der Mensch Himmel und Erde. Und die Erde war betoniert, finster und leer. Die Menschen hatten sich zusammengefunden in Kirchen, Häusern und Hallen, um zu beraten, was zu tun sei, und der Geist der Hoffnung schwebte über aller Kreatur. Und der Mensch sprach: »Es werde Licht!« Er reduzierte den Schadstoffausstoß aus seinen Fabriken gewaltig, und der schädliche Dunst verschwand, so daß die Sonne wieder freigegeben wurde. So ward aus Abend und Morgen der erste Tag.

Und der Mensch sprach: »Es sollen fallen die Grenzen zwischen unseren Völkern. Es sollen sich vereinigen Menschen aller Religionen und Rassen, Kommunisten und Kapitalisten.« Denn der Mensch sah, daß so die bevorstehenden Aufgaben besser zu lösen seien. Und der Mensch sprach: »Lasset uns schnell aufforsten die Wälder und auch das Gras und Kraut, Pflanzen, die wir jede nach ihrer Art annehmen wollen, anstatt sie durch Chemie zu vernichten.« Und der Mensch sah, daß sich seine Atemluft wieder verbesserte. So ward aus Abend und Morgen der zweite Tag.

Und der Mensch sprach: »Lasset uns nicht greifen nach den Lichtern an der Feste des Himmels, sondern uns um unsere Erde kümmern.« Und es geschah so. Der Mensch verschrottete alle Mondraketen, dazu auch alle Cruise-Missiles und SS 20, damit sie nicht mehr stören sollten seinen Frieden. Und der Mensch sah, daß es so viel schöner war auf Erden, und fühlte sich wieder freier. So ward aus Abend und Morgen der dritte Tag.

Und der Mensch sprach: »Lasset uns stoppen sämtliche chemischen Einleitungen in Flüsse, Seen und Ozeane, auf daß das Wasser wieder wimmle von allem Getier.« Desgleichen stoppte er jegliche Luftverschmutzung, denn er hatte gute Techniken dafür erfunden. Und der Mensch sah, daß das Ozonloch erstmals wieder abzunehmen begann. So ward aus Abend und Morgen der vierte Tag.

Und der Mensch sprach: »Es sollen der Vergangenheit angehören für alle Zeiten das Superschwein und die Henne in der Legebatterie. Lasset uns wieder in Einklang leben mit den Tieren des Feldes!« Und der Mensch sah, wie alle Tiere aus ihren letzten Rückzugsgebieten in die einstigen Monokulturen der Menschen zurückkehrten, und die Nahrung reichte doch für alle, da niemand sie hortete hinter verschlossenen Türen. So ward aus Abend und Morgen der fünfte Tag.

Und der Mensch schaffte ab jegliches menschengemachte Leid der Welt und sprach: »Da haben wir zurück alle Pflanzen, die Samen bringen auf der ganzen Erde, und alle Bäume mit Früchten, die Samen bringen zu unserer Speise, und alles Getier, was auf Erden lebt. Lasset uns nun fortan besser umgehen mit allem, was uns der Herr anvertraut hat.« So ward aus Abend und Morgen der sechste Tag.

So wurden geheilt Himmel und Erde mit ihrem ganzen Heer. Und so vollendete der Mensch am siebten Tag seine Taten mit einem großen Freudenfest. Und er dankte Gott, daß er ihn doch noch hatte umdenken lassen. Und seine Freudenschreie drangen bis hinauf zu den Engeln des Himmels, die ein vielfaches Halleluja anstimmten. Und Gott lachte mit, denn er sah, daß sein Werk wieder gut war.

(Thomas Kronshage)

SCHRIFTTEXT

Gen 1,26–31   Die Erschaffung des Menschen

FÜRBITTEN

»Ich glaube an Gott, den Vater, den Allmächtigen, Schöpfer des Himmels und der Erde ...« so beginnt unser Glaubensbekenntnis. Wenn wir das ernstnehmen, dann dürfen wir nicht länger so leben, produzieren, verbrauchen, wegwerfen, die Erde ausbeuten und zerstören, als gehöre sie uns und als seien wir niemandem, auch Gott nicht, Rechenschaft schuldig. Gott, Schöpfer der Welt, wir bitten dich:

- Hilf uns, unsere Bequemlichkeit zu überwinden und alle Möglichkeiten der Müllvermeidung auszuschöpfen.
- Laß uns erkennen, was überflüssig oder sogar schädlich ist: hilf uns, auf solche Dinge konsequent zu verzichten.
- Stärke unser Verantwortungsgefühl für die ganze Schöpfung. Laß uns kreativ nach Lebensmöglichkeiten für alle Geschöpfe suchen.
- Gib den Verantwortlichen in Politik und Wirtschaft den Mut, auch unpopuläre Entscheidungen zu treffen.
- Laß uns Menschen Freude haben an deiner Schöpfung.

Gott, du Schöpfer des Himmels und der Erde, du hast uns Menschen nach deinem Bilde erschaffen. Darum dürfen wir sicher sein, daß du uns genügend Verstand und Phantasie gegeben hast, unsere Probleme zu erkennen und zu meistern. Wir vertrauen uns dir an, heute, morgen, übermorgen. Amen.

LIEDVORSCHLÄGE

Tr 235	»Gott liebt diese Welt«
Tr 104	»Kleines Senfkorn Hoffnung«
Tr 301	»Die ganze Welt hast du uns überlassen«
Tr 378	»Laudato si«
Tr 161	»Jeder Teil dieser Erde«

Hedwig Fischer

Armut hat viele Gesichter

THEMA

Die Schüler kennen die Not in der Welt vor allem aus dem Fernsehen. Ein Knopfdruck genügt, und schon sieht man ein anderes Programm, die Not ist vergessen, bzw. verdrängt. Jahr für Jahr werden Opferkässchen verteilt, es schleicht sich »Routine« ein. In diesem Gottesdienst geht es darum, sich in die Situation eines Teejungen im Rahmen eines szenischen Spiels hineinzuversetzen und über Fastenaktion und Opferkässchen persönlich nachzudenken.

GESTALTUNGSELEMENTE

Schuldbekenntnis

Schüler/in 1: Fasten – das heißt:
Ich denke über mein Leben nach und ändere vielleicht manches. Ich könnte auf vieles verzichten. Ich genieße sehr viel aus Gedankenlosigkeit und Gewöhnung. Ich könnte auf vieles verzichten.

Lied: »Herr, erbarme dich«

Schüler/in 2: Fasten – das heißt:
Ich denke über mein Leben nach und ändere vielleicht manches. Ich könnte einiges ändern, was sich bei mir im Umgang mit anderen eingeschlichen hat. Ich könnte mir wieder mehr Mühe geben, freundlicher und dankbarer zu sein.

Lied: »Herr, erbarme dich«

Schüler/in 3: Fasten – das heißt:
Ich denke über mein Leben nach und ändere vielleicht manches. Ich schaue oft weg. Das geht

mich nichts an. Ich denke nur an mich. Hauptsache, mir geht es gut. Ich könnte mehr helfen, mehr für andere da sein.

Lied: »Herr, erbarme dich«

Szenisches Spiel

Mitwirkende: Erzähler, Teejunge Shoban, Herr

Erzähler:	Ich möchte dir heute von Shoban erzählen. Shoban ist ein indischer Junge, er ist zwölf Jahre alt. Shoban hat sein Dorf und seine Familie auf dem Land verlassen, um in der Stadt Geld zu verdienen. Damit will er seine Familie unterstützen. Nach langem Suchen hat Shoban endlich eine Arbeit als Teejunge gefunden.
Shoban:	Tee, guter, schwarzer Tee. 1 Rupie das Glas.
Herr:	Komm her, ich möchte zwei Tees.
Shoban:	Zwei Rupien, der Herr.
Herr:	Zwei Rupien. Du bist wohl verrückt. Hier hast du eine Rupie. Das ist mehr als genug.
Shoban:	Aber mein Herr, ich muß das Geld doch abgeben.
Herr:	Mach, daß du weiterkommst!
Erzähler:	Shoban bleibt alleine zurück. So etwas passiert ihm öfter und keiner ist da, der ihm in solch einer Situation hilft.
Shoban:	Wie soll ich das meinem Chef erklären? Er wird wieder sehr wütend werden. Er wird sagen, ich hätte das Geld sicher für mich behalten oder mir etwas zu essen dafür gekauft. Wenn er schlecht gelaunt ist, schlägt er mich wieder. Er wird mir drohen, daß er mich entläßt. Dann könnte ich zum Steineklopfer gehen. Das ist die schlimmste Arbeit, die ich kenne.
Erzähler:	Shoban merkt nun auch, wie müde und hungrig er ist. Kein Wunder, er ist ja auch schon sechs

Stunden auf den Beinen. Morgens um sechs Uhr muß er bei seinem Chef sein, um mit dem Teeverkauf zu beginnen. Dafür muß er schon um fünf Uhr aufstehen. Am Morgen gibt es meist nur eine Handvoll Reis, die er sich vom Vortag aufgehoben hat. Um zwölf Uhr treffen sich alle Teejungen am Teestand ihres Chefs. Dort gibt es dann Mittagessen: Reis und wässriges Linsengemüse. Dafür bekommen sie einen Teil ihres Lohnes abgezogen. Kurz vor zwölf kommt Shoban zu seinem Chef.

Chef: Und hast du heute alles verkauft?

Shoban: Ja, Herr, aber ...

Chef: Aber was? Zeig mir dein Geld! Das sind ja nur 23 Rupien. Du hast doch 24 Tees hier bei mir geholt. Hast du etwa wieder einen Tee selbst getrunken? Die Rupie, die fehlt, muß ich dir natürlich von deinem Lohn abziehen. Da bleibt ja nicht mehr viel übrig für dich. Und damit du lernst, daß ich jede Rupie haben möchte, fällt das Mittagessen heute für dich aus. Du kannst dich gleich wieder auf den Weg machen, damit du den Verlust wieder hereinholst.

Erzähler: Shoban geht traurig mit neugefüllten Gläsern davon.

Shoban: Tee, guter schwarzer Tee. Eine Rupie das Glas.

Erzähler: Um sechs Uhr abends hört Shoban mit der Arbeit auf. Zwölf Stunden ist er dann in der Stadt unterwegs gewesen. Am Abend muß er sich dann in der Stadt einen Platz zum Schlafen suchen. Aber er ist nicht allein. Es gibt viele Kinder in seinem Alter, denen es genauso geht wie ihm. Sie können ihn gut verstehen, wenn er von seiner Arbeit erzählt. Beim Schlafen träumt Shoban oft von zu Hause, von seinen kleineren Geschwistern und seinen Eltern, denen er versprochen hat, Geld zu schicken. Und er träumt von der Schule, in die er so gerne gehen würde, so wie die schön angezogenen Kinder, die manchmal auf dem Nachhauseweg Tee von ihm kaufen. Wie sie möchte auch Shoban lesen und schreiben können, um einen guten Beruf zu erlernen. Doch leider fehlt ihm und seiner Familie das nötige Geld, um die Schule zu bezahlen.

(Aus: Reinhard Schlereth [Hrsg.], EINFACH LEBEN. Katholische Religion 5)

SCHRIFTTEXT

Mt 25,35-40   Vom Weltgericht

FÜRBITTEN

Gott, du bist zu uns wie ein guter Vater und wie eine gute Mutter. Wir bitten dich für uns hier, aber auch für alle Menschen in der Welt:

- Laß nicht zu, daß ein Kind abends nicht weiß, wo es schlafen soll.
- Lieber Gott, laß nicht zu, daß ein Kind vor Hunger und Angst nicht einschlafen kann.
- Laß uns die Kinder, die in armen Ländern leben, nicht vergessen.
- Schenke uns ein großes Herz für arme Menschen hier bei uns und überall in der Welt.

Gott, du hast ein großes Ohr für unsere Bitten und ein großes Herz für alle Menschen. Dafür danken wir dir. Amen.

LIEDVORSCHLÄGE

Tr 259	»Der Himmel geht über allen auf«
Tr 165	»Herr, erbarme dich«
Tr 446	»Wenn jeder gibt, was er hat«

Reinhard Schlereth

»Die Erde zu verletzen heißt ihren Schöpfer zu verachten«

THEMA

Der Satz »Die Erde zu verletzen heißt ihren Schöpfer zu verachten«, der dem Indianerhäuptling Seattle zugeschrieben wird, möchte darauf aufmerksam machen, daß die Aufgabe der Bewahrung der Schöpfung im Sinne des konziliaren Prozesses mehr ist als bloßer, zweckorientierter Umweltschutz. Die Rede des Indianerhäuptlings Seattle (Wir sind ein Teil der Erde, Olten 1982), die die Antwort auf das Ansinnen der weißen Regierung in Washington war, von den Indianern Land zu kaufen, war vor allem in den siebziger und achtziger Jahren sehr populär. Sie wurde 1973 auch unter dem Titel »Söhne der Erde« verfilmt (auszuleihen bei der Fachstelle für Medienarbeit in Stuttgart als Video Nr. 5531 und als 16-mm-Film Nr. 1285, 22 Min.). Es ist jedoch inzwischen erwiesen, daß die Rede in dieser Form nie gehalten wurde, sondern eine Überarbeitung der Überlieferung Seattles durch die amerikanische Umweltbewegung ist. Das schmälert jedoch nicht ihre poetische und philosophische Ausdruckskraft, die die indianische Lebensanschauung sehr gut trifft. Das Verb »verletzen« läßt anklingen, daß die Erde ein lebendiger Organismus ist. Wie andere verletzliche Wesen, z. B. die Menschen selbst, ist sie mehr als ein technischer Gegenstand, der Schaden nehmen kann. Es soll deutlich werden, daß Gott die Erde gut geschaffen hat und liebt. Wenn der Erde Wunden zugefügt werden, wird deshalb auch der verachtet, der sie ins Leben gerufen hat und sie liebt. Unter Umständen könnte auch der Umkehrschluß gezogen werden, daß das Nichtbeachten des Schöpfers einen rein materiellen Umgang mit der Natur fördern kann.
In der Vorbereitung wird es deshalb zum einen darum gehen, die Natur als eine von Gott geliebte Schöpfung zu verstehen und ihre ursprüngliche Qualität zu erspüren. Zum anderen wird als Kontrast gegenübergestellt, was es heißt, diese gute Schöpfung zu verletzen. Das kann je nach Alter am Wegwerfen von Abfall über

Tierquälerei bis hin zu komplexen Zusammenhängen über den Treibhauseffekt gezeigt werden. Als Ausblick sollte deutlich werden, daß der Mensch zu einer neuen Haltung gegenüber der Erde und ihrem Schöpfer und daraus folgernd auch zu einem neuen Verhalten finden kann.

GESTALTUNGSELEMENTE

Impuls: Anti-Genesis-Text

Die Erde war schön gewesen, bis der Geist des Menschen über das Wasser schwebte und alles zerstörte.

Da sprach der Mensch: »Es werde dunkel!«
Und sie sahen, daß die Dunkelheit gut war. Und sie nannten sie Sicherheit. Und sie teilten sich in Welten, Rassen und Religionen ein.
Es wurde weder Abend noch Morgen. Der siebte Tag vor jenem letzten Tag.

Und der Mensch sprach: »Ich will über andere Menschen herrschen.« Und er schmiedete Pflugscharen zu Schwertern und bemühte sich, besser töten zu lernen. Er nannte den Krieg heilig in seiner Dunkelheit.
Der sechste Tag vor jenem letzten Tag.

Und der Mensch sprach: »Ich will über die Natur herrschen und sie nach meinem Willen manipulieren. Sie soll alle meine Bedürfnisse erfüllen als Raum für Straßen, Mülldeponien und für meine Erholung. Alles in der Natur will ich nach seinem Wert einteilen und das Wertlose, Untiere, Unkraut und unnütz sich schlängelnde Flüsse beseitigen.«
Der fünfte Tag vor jenem letzten Tag.

Und der Mensch sprach: »Es soll mehr Maschinen und Gifte aller Art geben, damit ich bequemer und komfortabler leben kann. Ich will festsetzen, daß der Sinn des Lebens darin besteht, mehr zu haben, zu verbrauchen und dann wegzuwerfen.«
Der vierte Tag vor jenem letzten Tag.

Und der Mensch sprach: »Ich will den Wert des Menschen an meine wirtschaftlichen Leistungen knüpfen. Jeder soll lernen,

seine Ellbogen zu gebrauchen und sich gegen andere durchzuboxen. So soll es auch Drogen und alle Arten von Flucht geben, um der unbarmherzigen Wirklichkeit zu entkommen.«
Der dritte Tag vor jenem letzten Tag.

Und schließlich sprach der Mensch: »Lasset uns Gott machen nach unserem Bild und Gleichnis, einen Gott, der will, wie wir wollen, der haßt, wie wir hassen und der tötet, wie wir töten.«
Der zweitletzte Tag.

An jenem letzten Tag erstickte die Erde, die der Mensch ihrer Luft beraubt hatte. Feuer fegte über sie hinweg, und es wurde eisige Stille.
Und Gott, der Herr, sah, was der Mensch getan hatte, und inmitten der tödlichen Stille, die sich über die Erde gelegt hatte –, weinte Gott.

(Quelle unbekannt)

Folgende gestalterische Elemente zum Vortrag dieses Textes bieten sich an:

- *Zu jeder Szene können Schüler und Schülerinnen ein Standbild darstellen.*

- *Es können von verschiedenen Altersstufen Bilder gemalt werden, die dann als Ausstellung an einer Stellwand präsentiert werden.*

- *Es können Plakate aus Karton mit Symbolen zu den einzelnen Szenen präsentiert werden, die dann umgedreht und zusammengeheftet das große Bild einer Erdkugel mit dem Titel des Gottesdienstes ergeben.*

Vortrag der Schöpfungsgeschichte

Als Kontrast wird nun der biblische Text Gen 1,1–2,4 vorgetragen. Es empfiehlt sich, ihn durch Musik zu unterlegen. Als Ergänzung oder als Alternative kann der biblische Text im Unterricht oder in einer Foto-AG durch Dias von Schülern und Schülerinnen gestaltet werden.

Gegenüberstellung beider Texte

Die Gegenüberstellung dieser beiden Texte kann sehr ernüchternd wirken. Deshalb scheint es mir im folgenden wichtig, solche Gefühle anzusprechen und aufzugreifen. Eine Form dafür ist das Gespräch zwischen verschiedenen Bäumen, wovon einer aufgrund des menschlichen Tuns krank geworden ist. Sie machen sich Gedanken, inwiefern der Mensch sich ändern kann und zur Achtung gegenüber der Natur finden wird. Zur Vorbereitung eines solchen Gesprächs ist es hilfreich, den »Personen« feste Rollen und Eigenschaften zuzuweisen (hoffnungsvoll, visionär, enttäuscht, resigniert, gelassen, o. ä.).

SCHRIFTTEXT

Gen 1,1–2,4   Die Erschaffung der Welt

GEBET

Großer Gott,
gib uns ein verständnisvolles Herz,
damit wir von deiner Schöpfung nicht mehr wegnehmen, als wir geben können;
damit wir sie nicht willkürlich zerstören nur um unserer Habgier willen;
damit wir uns nicht weigern, ihre Schönheit mit unseren Händen zu erneuern;
damit wir niemals von der Erde nehmen, was wir nicht wirklich brauchen.
Großer Gott,
gib uns Herzen, die begreifen, daß wir Verwirrung stiften,
wenn wir die Musik der Erde stören;
daß wir blind für ihre Schönheit werden,
wenn wir ihr Gesicht verunstalten;
daß wir ein Haus voller Gestank haben,
wenn wir gefühllos ihren Wohlgeruch verderben.
Ja, Herr,
es ist wahr:
wenn wir sorgsam und zärtlich mit der Erde umgehen,
sorgt sie für uns

und schützt uns
und erhält uns am Leben.

(Gebet nordamerikanischer Indianer)

LIEDVORSCHLÄGE

Tr 161	»Jeder Teil dieser Erde«
Tr 410	»Morning has broken«
Tr 378	»Laudato si«
Tr 536	»Einsam bist du klein«

Michael Schindler

Kinderrechte sind Menschenrechte

THEMA

Im Rahmen der Friedensdekade »Frieden, Gerechtigkeit und Bewahrung der Schöpfung« kann dieser Schülergottesdienst gefeiert werden. Es geht vor allem auch darum, einmal über den eigenen Kirchturm hinauszuschauen. Gerade Kinder und Jugendliche auf der ganzen Welt brauchen einen besonderen Schutz und vor allem auch bestimmte Rechte, sonst ist bereits in jungen Jahren ihre Zukunft verbaut. Deshalb hat die Generalversammlung der Vereinten Nationen 1986 die Konvention über die Rechte des Kindes verabschiedet. Die Unterzeichnerstaaten haben sich verpflichtet, auf diese Rechte der Kinder zu achten. Doch Anspruch und Wirklichkeit dieser Kinderrechte klaffen weit auseinander. Noch immer haben Kinder unter großer Not zu leiden.
Diese Problematik will dieser Schülergottesdienst bewußt machen und sich mit dieser Not auseinandersetzen. Als Anregung diente ein Materialheft zum Tag der Menschenrechte.

GESTALTUNGSELEMENTE

Aktion Mauerbau

Mehrere aktuelle Zeitungsausschnitte wurden ausgesucht und werden vorgelesen. Die Problematik wird mit einem Stichwort auf einen Karton geschrieben. Nach und nach entsteht eine Mauer.

Stichworte können sein:
Viele Kinder und Jugendliche leiden unter *Krieg.*
Viele Kinder und Jugendliche müssen *Gewalt* ertragen.
Viele Kinder und Jugendliche in der Welt haben *Hunger.*
Viele Kinder und Jugendliche leiden an der *ungerechten Verteilung der Güter* in dieser Welt.

Viele Kinder und Jugendliche in der Welt haben *keine gute Zukunft.*
Viele Kinder und Jugendliche sind auf sich *allein* gestellt.
Viele Kinder und Jugendliche in der Welt haben *kein Zuhause* und *keine Familie.*
Viele Kinder und Jugendliche werden *nicht geliebt.*
Viele Kinder und Jugendliche müssen unter schlimmsten Bedingungen *(Kinderarbeit)* arbeiten.

Eine Mauer aus Mißständen ist bedrohlich angewachsen. Sie zeigt uns, daß vieles in unserer Welt nicht in Ordnung ist. Doch was können wir tun? Was ist unsere Aufgabe? Wo wird unsere Hilfe gebraucht und erwartet?

Nach der Lesung von Lk 10,25–37 wird die Mauer abgebaut und die auf der Rückseite des Kartons geschriebenen Rechte für Kinder und Jugendliche werden sichtbar. Die Kartons werden jetzt im Raum verteilt.

Rechte:
Jedes Kind und jeder Jugendliche hat ein *Recht auf Essen und Trinken.*
Jedes Kind und jeder Jugendliche hat ein *Recht auf Eltern.*
Jedes Kind und jeder Jugendliche hat ein *Recht auf Kleider.*
Jedes Kind und jeder Jugendliche hat ein *Recht auf Zukunft.*
Jedes Kind und jeder Jugendliche muß *Freunde haben.*
Jedes Kind und jeder Jugendliche muß *frei sein.*
Jedes Kind und jeder Jugendliche muß *geliebt sein.*
Jedes Kind und jeder Jugendliche muß *vertrauen* können.

Geschichte

Varenka

Erzähler: Vor langer Zeit lebte in den weiten Wäldern Rußlands eine Witwe. Sie hieß Varenka. Ihr kleines Haus stand tief in den Bäumen, wo selten jemand hinkam. Es war ganz aus Holz gebaut. Varenka hatte alles, was sie brauchte: einen Tisch, Stühle, Kästen für Brot und Käse und Geschirr. In der Ecke hing ein Bild von Maria mit dem Jesuskind, und Varenka sorgte immer für frische Waldblumen.

	Nachts schlief sie, wie alle einfachen Leute in Rußland, auf dem warmen Ofen. Varenka lebte zufrieden in ihrem kleinen Haus. Doch eines Tages kam eine Gruppe Leute zu ihr. In großer Aufregung riefen sie:
Leute:	»Varenka, wir sind in Eile! Im Westen wütet ein schrecklicher Krieg. Die Soldaten kommen jeden Tag näher. Pack deine Sachen zusammen und fliehe mit uns, bevor dir etwas zustößt.«
Erzähler:	Varenka erschrak. Krieg! Soldaten! Angst ergriff sie. Dennoch sagte sie zu den Leuten:
Varenka:	»Wer wird die müden Wanderer stärken, wenn ich mit euch komme? Wer nimmt sich der Kinder an, die sich im Wald verirren? Und wer wird sich um die Tiere und Vögel kümmern, wenn der Winter kommt mit Schnee und Eis? Nein, ich muß bleiben. Doch ihr, meine Freunde, beeilt euch und zieht weiter. Gott möge euch beschützen!«
Erzähler:	Da eilten die Leute weiter, und Varenka blieb allein zurück. Sie stand ganz still und lauschte.
Varenka:	»Ja, jetzt höre ich das Donnern der Kanonen, heute sind sie noch fern, aber schon morgen können sie da sein. Ach, was wird dann aus mir?«
Erzähler:	Varenka verriegelte die Tür. Dann kniete sie vor dem Bild von Maria mit dem Jesuskind nieder und betete zu Gott:
Varenka:	»Bitte, baue eine Mauer um mein Haus, damit die Soldaten mich nicht sehen können!«
Erzähler:	Es wurde Abend. Die Kanonen verstummten und Friede lag über dem Wald. Die Vögel sangen noch eine Weile, dann steckten sie ihre Köpfe unter die Flügel. Tauben gurrten und Nachtigallen sangen. Aber Gott kam nicht, und niemand baute eine Mauer um Varenkas Haus. Am nächsten Tag ging Varenka in den Wald, um Reisig zu sammeln. Und wieder hörte sie das Donnern der Kanonen in der Ferne.

Varenka:	»Ach, heute sind sie schon viel näher. Was wird aus mir und meinem Haus?«
Erzähler:	Gegen Abend kehrte sie mit viel Reisig zurück. Bald darauf klopfte es an ihre Tür. Ein alter Mann stand draußen mit einer Ziege. Varenka erkannte ihn, es war Pjotr, der Ziegenhirt.
Varenka:	»Warum bist du nicht zu Hause mit deinen Ziegen und Hühnern, deinen Gänsen und Schafen?«
Pjotr:	»Meine Hütte ist niedergebrannt, Varenka, und die Soldaten haben mir alles genommen außer dieser kleinen Ziege, die mit mir entfliehen konnte. Bitte nimm uns auf in dein Haus. Wir wissen nicht mehr wohin, und bald kommt die Nacht, und die Wölfe werden uns beide fressen.«
Erzähler:	Varenka nahm Pjotr und die Ziege ins Haus. Sie machte es ihm beim Herd gemütlich und gab ihm heiße Suppe. Dann betete sie wieder zu Gott:
Varenka:	»Bitte, komm schnell und baue eine Mauer um mein kleines Haus, damit die Soldaten vorbeigehen und Pjotr und mich und die Ziege nicht sehen werden!«
Erzähler:	Die Nacht kam. Wieder verstummten die Kanonen und alles war still. Die Blumen falteten ihre Blütenblätter. Die kleinen Tiere in den Bäumen und Höhlen kuschelten sich eng zusammen und schliefen ein. Aber Gott kam nicht, um eine Mauer um Varenkas Haus zu bauen. Früh am Morgen ging Varenka wieder in den Wald. Sie sammelte den ganzen Tag lang Pilze und Kräuter. Am Nachmittag erblickte sie einen jungen Mann, der in einem hohlen Baum schlief.
Varenka:	»Wach auf! Wach auf! Hier kannst du nicht schlafen! Die Soldaten werden dich finden und fortschleppen. Hörst du nicht die Kanonen donnern? Sie sind schon sehr nah!«

Stjepan:	»Von dort komme ich, wo die Kanonen donnern. Alles ist zerstört. Dörfer und Felder sind verbrannt. Ich floh in den tiefen Wald und fand schließlich Schutz in diesem hohlen Baum.«
Varenka:	»Mein armer Junge, komm mit mir, ich werde dir Essen und ein Dach über dem Kopf geben.«
Erzähler:	So ging Stjepan mit Varenka nach Hause. Er war ein Maler. In einer Hand trug er ein Bild und in der anderen einen Topf mit einer weißen Blume. Und dies war alles, was ihm auf der Welt geblieben war. Nachdem Stjepan, Pjotr und Varenka zu Abend gegessen hatten, beteten sie zusammen, und Varenka sagte in ihrem Herzen:
Varenka:	»Bitte, lieber Gott, komm schnell und baue eine Mauer um mein Haus. Dann werden uns die Soldaten nicht finden, weder Stjepan noch Pjotr noch mich.«
Erzähler:	Die ganze Nacht hindurch lag Friede über dem Wald. Die einzigen Laute waren der Ruf einer Eule und das Heulen der Wölfe. Gegen Morgen schaute Varenka aus dem Fenster, aber keine Mauer stand um ihr Haus. Da ergriff Varenka große Angst. An diesem Tag schob Varenka viel Holz in den Ofen, um Brot und Kuchen zu backen. Während sie den Teig zubereitete, hörte sie jemanden leise weinen. Sie schaute aus dem Fenster und sah ein kleines Mädchen, das bitterlich weinte. In den Armen hielt es eine Taube.
Varenka:	»Mein liebes Kind, woher kommst du und was machst du hier im Wald? Hörst du nicht den schrecklichen Lärm der Kanonen? Du solltest zu Hause bei deinen Eltern sein.«
Bodula:	»Ach, liebe Großmutter, ich bin ganz allein, nur mit meiner Taube. Ich habe Vater und Mutter auf der Flucht verloren. Da bin ich in den Wald gerannt. Und bei dir roch es so fein nach frischem Brot; das machte mich hungrig!«

Varenka:	»Komm herein, Kind. Wir sind hier eine kleine Familie, und du bist nun die Jüngste. Du bleibst jetzt bei uns, bis wir deine Eltern wieder finden.«
Erzähler:	So kam Bodula in Varenkas kleines Haus. Varenka gab ihr Brot, Kuchen und Tee, und die Taube pickte zufrieden die Brotkrumen, die ihr Bodula streute. Den ganzen Tag lang hörten die Freunde das Donnern der Kanonen. Den ganzen Tag lang hatten sie Angst. Schließlich nahm Pjotr seine Balaleika und begann zu spielen. Stjepan, Pjotr, Bodula und Varenka sangen dazu ihre russischen Weisen. Als sich der Tag neigte und der Mond aufging, brachte die Musik Frieden in ihre Herzen.
Erzähler:	In dieser Nacht beteten sie wieder alle, und Varenka sagte:
Varenka:	»Bitte, lieber Gott, heute nacht mußt du kommen und eine Mauer bauen, die so hoch ist, daß kein Soldat mein Haus sieht; dann sind wir gerettet, das Kind mit der Taube, der Maler und seine Blume, der alte Mann mit der Ziege und ich. – Aber ich fürchte, es ist nun sehr spät geworden; morgen werden die Soldaten hier sein, und wir alle sind verloren.«
Erzähler:	Auch in dieser Nacht war es sehr still. Doch in der stillsten Stunde war ein leiser Ton um Varenkas Haus. Varenka öffnete vorsichtig die Läden und sah, daß Schnee fiel. So dicht war der Schnee gefallen, daß er bis zum Fenstersims reichte. Varenka schloß wieder leise den Laden, fiel auf die Knie und dankte Gott. Und noch immer schneite es. Es schneite die ganze lange Nacht, dichter und dichter, und im Morgengrauen war Varenkas kleines Haus vom Schnee verdeckt. Am Mittag kamen die Soldaten. Sie zogen mit viel Lärm durch den Wald und suchten nach Feinden. In dem kleinen Haus saßen alle angstvoll und still beisammen.

Jetzt waren die Soldaten ganz nah beim Haus und – sie gingen vorüber! Sie hatten Varenkas kleines Haus nicht gesehen, weil es tief im Schnee versteckt lag. Stjepan, Pjotr, Bodula und Varenka dankten Gott, daß er sie gerettet hatte.

Die Soldaten zogen weiter, und es gab keinen Krieg mehr in diesem Teil Rußlands.

Als der Schnee schmolz, traten die Freunde vor das kleine Haus. Die Taube flatterte froh von Baum zu Baum. Die Ziege machte übermütige Sprünge, und Stjepan pflanzte seine Blume vor Varenkas Haustür. Der Frühling kam. Bodula fand ihre Eltern wieder und ging mit ihnen zurück ins Dorf. Die Ziege hatte ein Zicklein. Aus den Samen der weißen Blume wuchsen neue Blumen. Die Taube flog weit fort, um der Welt zu verkünden, daß der Friede wieder eingezogen war.

Und Stjepan, weil er ein Künstler war, malte einige Bilder, um die Geschichte der Mauer zu erzählen, die Gott um Varenkas kleines Haus gebaut hatte.

(Nach: »Varenka«, nach einer russischen Legende erzählt)

SCHRIFTTEXT

Lk 10,25–37   Das Gleichnis vom barmherzigen Samariter

FÜRBITTEN

Es werden Kerzen angezündet für Kinder und Jugendliche in aller Welt

Laßt uns Fürbitte halten und eine Kerze anzünden für andere Menschen:

– Ich zünde eine Kerze an für Kinder und Jugendliche in ..., daß die Schrecken des Krieges sie nicht ihr Leben lang belasten.

– Ich zünde eine Kerze an für Kinder und Jugendliche, die in menschenunwürdigen Verhältnissen leben.

- Ich zünde eine Kerze an für Kinder und Jugendliche, denen die Kindheit und Jugend genommen wird, weil sie arbeiten müssen.
- Ich zünde eine Kerze an für uns hier in der Kirche, daß uns dieser Gottesdienst zu Herzen geht, daß wir nicht nur Gottes Wort hören, sondern auch tun.
- Ich zünde eine Kerze an für einen Menschen, dem es nicht gut geht, der krank oder einsam ist.

Gott, wir vertrauen dir unsere Kerzen an und danken dir, daß du das Licht des Lebens bist, heute und immer. Amen.

LIEDVORSCHLÄGE

Tr 137	»Gehet nicht auf in den Sorgen dieser Welt«
Tr 33	»Gib uns Frieden jeden Tag«
Tr 54	»Hevenu schalom alechem«
EH 132	»Laß uns den Weg der Gerechtigkeit gehn«

Wilhelm Keller

Gehet nicht auf in den Sorgen dieser Welt

Mensch werden

Von halben Sachen

THEMA

Der folgende Wortgottesdienst wurde in einer Kinder- und Jugendfreizeit mit jungen Handballspielerinnen und -spielern gehalten. Es war der erste Sonntag in den großen Ferien. Das Erleben der Kinder und Jugendlichen war einerseits durch den Ferienbeginn, andererseits durch den Sport geprägt. Und das sollte auch Thema des Gottesdienstes sein.
Im Rahmen der Schule sind verschiedene Anlässe denkbar, bei denen diese Thematik angesprochen werden kann: Ferienbeginn, Sporttage, Wandertage, Schullandheim-Aufenthalt u. ä. Schule, Lernen, Wissen ist die eine Seite – Sport, Freizeit, Entfaltung von vielerlei Fähigkeiten die andere. Sport und Freizeit beinhalten eigene Chancen zur Menschenbildung und zur Entwicklung des Menschseins. Diese Chancen gilt es zu nutzen. Sie sind ein Geschenk Gottes – wie die Möglichkeit und Fähigkeit in Schule und Ausbildung zu lernen.
Bei diesem Thema sollte aber vermieden werden, daß Freizeit und Spiel moralisch verzweckt werden. Mit moralischen Appellen sollte man zurückhaltend sein! Im nachstehenden Beispiel wird mit spielerischen Mitteln auf die Chancen aufmerksam gemacht und dafür geworben. Das Kernelement des Gottesdienstes bildet das Spiel mit sieben Buchstaben: EEFINRV. Mit diesen Buchstaben kann man zwei Worte bilden: FERIEN und VEREIN. Man kann auch nur bei einem Wort bleiben, FERIEN oder VEREIN. Die Idee, das Wort Ferien mit den einzelnen Buchstaben aufzuschlüsseln sowie einige inhaltliche Impulse habe ich gefunden bei Max Huber, Mit dem Herzen feiern. Kindergottesdienste zu Erstkommunion, Schulanfang, Schulabschluß, Weihnachten, Fasnacht, Herder, Freiburg/Basel/Wien 1984, S. 45–52.)
Man kann auch mit weiteren Buchstaben je nach Zielgruppe und Anlaß weitere Worte bilden (vgl. unten die Vorschläge zu FREIZEIT). Zu neuen Buchstaben muß man dann jeweils einen neuen

Beschreibungstext machen. Mit dieser Aufgabe kann man bei der Vorbereitung auch Schüler/innen bzw. Teilnehmer/innen der Zielgruppe beauftragen. Es bietet sich an, auch die vorgestellten Stichworte FERIEN oder SPORT zusammen mit den Schüler/innen neu zu erarbeiten und die Buchstaben mit neuen Umschreibungen zu versehen. Die Buchstaben können bei der Vorbereitung auch auf kleine Gruppen verteilt werden, die beim Gottesdienst dann ihren Buchstaben mit Beschreibung vorstellen.

GESTALTUNGSELEMENTE

Zur Einführung

In die Mitte eines Sitzkreises (oder anderweitig für alle Teilnehmer gut sichtbar) wird ein Bodenbild gelegt. Auf drei großen Blättern (A2 quer, zum Falten und Schneiden der Blätter vgl. Abb. S. 146) wird ein (halber) Mensch dargestellt. Die andere Hälfte ist jeweils nach hinten umgeschlagen und somit unsichtbar.

Unser Gottesdienst heute handelt »Von halben Sachen und ganzen Kerlen« – (wie sagt man da bei Mädchen?). Wir erleben schöne Tage mit interessanten Erfahrungen. Wir lernen Stärken und Schwächen bei uns und anderen kennen, die im Schulalltag nicht zum Vorschein kommen. Die meiste Zeit im Jahr sind wir einseitig: Lernen in der Schule – manchmal mit viel Kopfzerbrechen. Oder wir sind damit beschäftigt, unser Geld zusammenzuhalten (vor allem wenn das Taschengeld knapp ist) – oder es mehr oder weniger sinnvoll auszugeben.

Und wenn man nicht aufpaßt, kann es auch in den Ferien sehr einseitig werden: Man versucht die Zeit rumzubringen – bequem und phantasielos. Unsere andere Hälfte bleibt unterentwickelt und ungenutzt – ein Geschenk Gottes schimmelt vor sich hin.

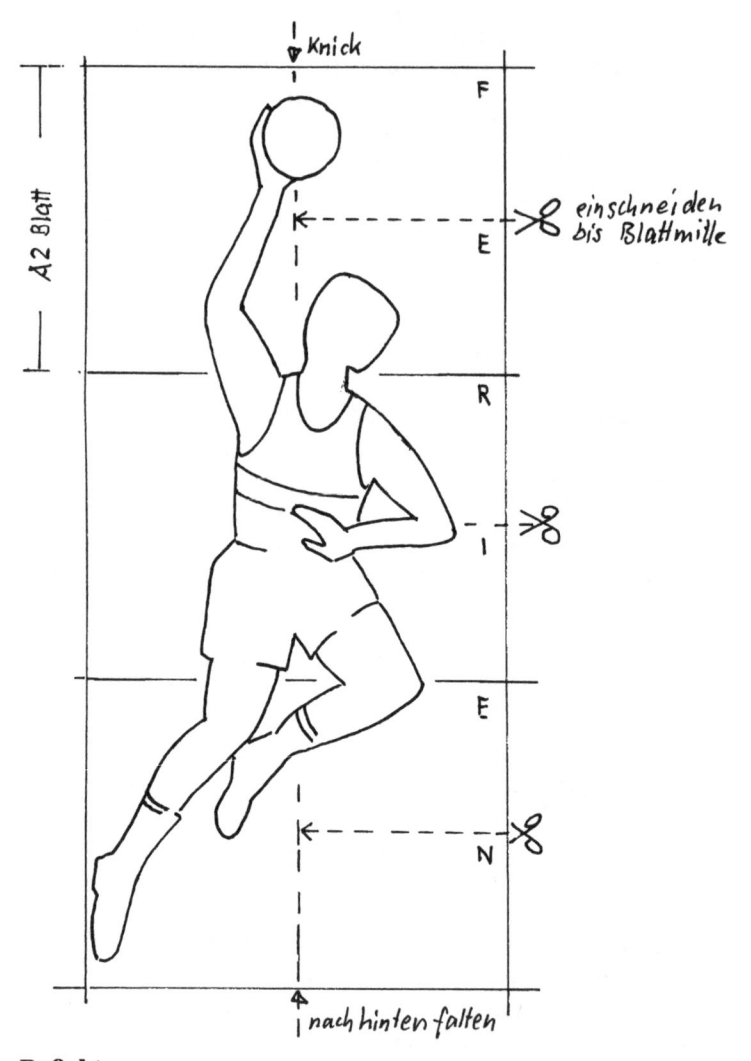

Bußakt

Vorbeter: Lieber Gott, du hast uns Begabungen und Fähigkeiten geschenkt. Wir haben sie nicht immer richtig genutzt oder sie vernachlässigt. Wir bringen unsere Fehler und unser Versagen vor dich und bitten um deine Verzeihung.

1. Schüler/in: Oft haben wir guten Willen gezeigt und haben uns Mühe gegeben. Manchmal aber waren wir faul und bequem und hatten keine Lust zum Lernen.

Liedruf: »Herr, erbarme dich«

2. Schüler/in: Meistens waren wir gute Kameraden: manchmal haben wir aber auch gestritten, waren unfair oder Spielverderber.

Liedruf: »Herr, erbarme dich«

3. Schüler/in: Manchmal haben wir nur an uns selbst gedacht, und die Sorgen der anderen waren uns gleichgültig.

Liedruf: »Herr, erbarme dich«

Vorbeter: Ja, Herr, erbarme dich unser und laß uns jetzt gern und versöhnt miteinander Gottesdienst feiern.

Die Worte »Ferien« und »Verein« buchstabieren

Der Sprecher hält sieben Blätter mit folgenden groß geschriebenen/gedruckten Großbuchstaben bereit: E – E – F – I – N – R – V. Er verteilt sie an sieben Teilnehmer/innen, die die Buchstaben gut sichtbar vor sich halten.

Mit diesen Buchstaben kann man zwei sehr angenehme Worte bilden. Jeder Buchstabe hat uns etwas Besonderes zu sagen. Diese sieben Buchstaben oder die zwei Worte zeigen uns Möglichkeiten, wie wir die zweite Hälfte von uns entfalten und trainieren können. Ich rufe das F.

Bei jedem aufgerufenen Buchstaben treten die entsprechenden Teilnehmer/innen vor und stellen sich nebeneinander, so daß nach und nach das Wort »Ferien« entsteht. Während der Sprecher den zugehörigen Text zum Buchstaben vorträgt, werden jeweils die umgeschlagenen Seiten der Blätter des Bodenbildes vorgeklappt (auf diesen umgeschlagenen Seiten ist jeweils außer den Umrissen der Figur auch der Buchstabe abgebildet).

Stichworte zu den einzelnen Buchstaben:

F wie Freunde und Freude: sich freuen können mit Freunden, Spaß haben (nicht auf Kosten anderer) – Fairneß – muß man Sportlern dazu etwas sagen? Lieber ein Verlierer, der fair spielt, als ein Sieger, der mit unfairem Verhalten gewonnen hat.

E wie Einsatz: im Spiel, in der Schule, bei der Arbeit, für Kameraden, für Fremde.

R wie Reisen: Urlaub/Sportbegegnungen/Schullandheim – neue, andere Menschen kennenlernen, ihre Eigenart respektieren, auch andere sind wichtig.

I wie Ideen: Einfälle haben, wie man spielt und wie man anderen Spaß am Spiel macht – seine Fähigkeiten entdecken. Nicht nur Freizeit aus dem Automat – Geld rein und etwas in sich hinein füttern: Eis, Wurst, Cola, Fernsehen, Video, Freizeitpark.

E wie Ehrfurcht: vor der Schöpfung und ihrem Schöpfer – vor dir selber: du bist ein Geschenk für die anderen – paß also auf dich auf, denn du bist es dir, den anderen und deinem Schöpfer schuldig.

N wie Natur: Sonne – Wasser – Luft – Wald – Pflanzen – Tiere. Lerne die Schöpfung kennen – ein paar Schritte neben dem Weg kannst du Wunder sehen (wenn du keine Tomaten auf den Augen hast oder wenn deine Augen nicht schon die Form einer Mattscheibe eines Fernsehers oder Computermonitors haben).

Mit dem Buchstaben N ist das Wort FERIEN vorgestellt und die Figur auf dem Bodenbild ist vollständig. Ich rufe jetzt noch einen letzten Buchstaben, das V.

V wie Verantwortung und wie Verein: Menschen, die viel Zeit und Kraft in die Leitung und Betreuung stecken. Jugendleiter, die diese Freizeit gestaltet haben: Sie denken nicht: was hab ich davon. Sie sagen sich: was haben andere davon. Ohne Menschen, die Verantwortung übernehmen, läuft nichts – in Sport, Beruf, Gesellschaft, Familie.

Der/die Teilnehmer/in mit dem V stellt sich an die Stelle des F und bittet zwei weitere Buchstaben-Träger/innen, die Plätze zu tauschen (damit das Wort VEREIN entsteht). Welche wohl?

Zusammenfassung

Sprecher: Ferien, Verein – sie bieten Chancen für dich. Nütze sie, entfalte dich, arbeite an deinen unterentwickelten und farblosen Seiten. In jedem von euch steckt ein ganzer Mensch – mach ihn sichtbar! Gott will, daß du alle seine Gaben, die er dir geschenkt hat, entfaltest – für dich und für die andern!

Alternative: Das Wort »Freizeit« buchstabieren

Die Buchstaben F – R – E – E – I und ihre Beschreibung können wir aus der voranstehenden Aufschlüsselung für »Ferien« und »Verein« ausleihen. Vorschläge für die restlichen Buchstaben Z – I – T könnten wie folgt aussehen:

Z wie Zusammenkommen: Es macht Spaß, sich mit Freunden/innen zu treffen, einem gemeinsamen Hobby nachzugehen, sich Neuigkeiten zu erzählen – oder einfach beieinander zu sein und nichts zu tun.

I wie ich: Es ist gut, sich von Zeit zu Zeit mit sich selbst zu beschäftigen. Man darf sich ruhig fragen: Bin ich mit mir einverstanden, gibt es Dinge, die bei mir anders sein sollten? Ein Blick in den Spiegel – gemeint ist nicht der Spiegel aus Glas – kann gelegentlich hilfreich sein.

T wie Team: Mit anderen zusammen gelingt manches besser. Im Team lassen sich Schwierigkeiten besser bewältigen. Es ist gut, wenn man sich auf andere verlassen kann – und andere sich auf mich verlassen können.

SCHRIFTTEXT

Mt 25,14–24   Gleichnis von den Begabungen

FÜRBITTEN

Guter Gott. Wir freuen uns, daß wir Ferien haben. Wir freuen uns über die Fähigkeiten, die du uns gegeben hast.

- Ferien schreibt man mit F – wie fair: Hilf uns, fair zu sein in Sport, Spiel und Alltag.
- Ferien schreibt man mit E – wie Erholung: Wir wollen dazu beitragen, daß andere schöne Ferien haben.
- Ferien schreibt man mit R – wie Reisen: Mach, daß alle unsere Wege zu dir führen.
- Ferien schreibt man mit I – wie Ideen: Schenke uns gute Ideen und Phantasie, damit wir unsere Fähigkeiten richtig nutzen.
- Ferien schreibt man mit E – wie Ehrfurcht: Laß uns in den Ferien Zeit finden auch für dich, für Gebet und Gottesdienst.
- Ferien schreibt man mit N – wie Natur: Hilf uns, Freunde der Natur und deiner guten Schöpfung zu werden.
- Vercin schreibt man mit V – wie Verantwortung. Gib uns Mut und Bereitschaft, Verantwortung für uns und andere zu übernehmen.
- Verein schreibt man mit E – wie Einsatz. Wir wollen mit ganzem Herzen dabei sein: bei Arbeit, Spiel und Sport.

Guter Gott, wir haben dir unsere Bitten gesagt. Geh mit uns auf unserem Weg durch die Ferien. Amen.

LIEDVORSCHLÄGE

Tr 67	»Diesen Tag, Herr, leg ich in deine Hände«
Tr 137	»Gehet nicht auf in den Sorgen dieser Welt«
Tr 404	»Schön ist das Leben«
EH 172	»Hineih matov«
EH 181	»Gott gab uns Atem, damit wir leben«

Hans Schuh

Loslassen und neu beginnen

THEMA

Abschiednehmen und dabei den Blick auf einen Neubeginn richten gehört zur Lebensgeschichte jedes Menschen. Die Symbolik des Baumes, der im Herbst seine Blätter fallen lassen muß, nimmt diese menschliche Erfahrung auf. Auch Kinder und Jugendliche kennen solche Situationen: Umzug aus vertrauter Umgebung, Bruch einer Freundschaft, Tod eines Haustieres oder vielleicht sogar der Großeltern ...
Der Baum wächst nur, weil er jedes Jahr aufs Neue seine Blätter fallen läßt. Blätter werden zu Erde und ermöglichen das Wachstum des Baumes. Auch beim Sturm im Winter ist es notwendig, daß der Baum keine Blätter hat, sonst würde der Sturm seine Äste abbrechen oder den Baum gar entwurzeln. Auch kann der Baum im Winter seine Blätter nicht ernähren und würde sterben. Wenn er die Blätter fallen läßt, wachsen im Frühjahr neue Blätter nach. Loslassen ist Voraussetzung für einen Neubeginn. Dies trifft ebenfalls auf das menschliche Leben zu.
Der Gottesdienst kann mit Schülerinnen und Schülern am Beginn der 5. Klasse gefeiert werden. Dieser Zeitpunkt ist für sie ein Neubeginn: Die vertraute Grundschule mit Lehrer/innen und Schulkamerad/innen muß verlassen werden, und sie müssen sich auf eine neue Umgebung einlassen. Auch kann der Gottesdienst gut in die Themeneinheit »Abraham verläßt sein Land und folgt der Verheißung Gottes« in Klasse 5 integriert werden.

GESTALTUNGSELEMENTE

Korb mit Blättern

Ein großer Korb mit Blättern wird zugedeckt in die Mitte gestellt. Alle dürfen nacheinander in diesen Korb fassen und fühlen, was sich darin befindet. Danach wird der Korb aufgedeckt, und die

Schülerinnen und Schüler können sich austauschen und erzählen, wie sich die Blätter im Korb anfühlen.
In einem zweiten Schritt darf sich jeder ein oder zwei Blätter aus dem Korb nehmen. Die Schülerinnen und Schüler werden aufgefordert, diese anzuschauen, zu betasten und zu beriechen.

Imaginationsübung

Jede/r stellt sich so hin, daß er/sie die Arme seitlich ausstrecken kann.

Stelle dir vor, du bist ein Baum – groß und stark – fest verwurzelt, du hast starke Äste. Du streckst sie in den Himmel.
Im Sommer hattest du viele grüne Blätter. Jetzt im Herbst sind sie bunt geworden.

Die Schülerinnen und Schüler haben ihre Blätter in der Hand.

Der Herbstwind kommt und weht erst ein wenig. Das Blatt dreht sich ein bißchen. Der Wind wird stärker. Er zerrt an den Ästen und reißt dir das letzte Blatt weg.

Die gefallenen Blätter werden auf ein braunes Tuch gelegt, das die Erde symbolisiert.

Die Schülerinnen und Schüler nehmen sich an den Händen und spüren die Wärme der anderen.

Wie die Blätter die Wärme der Erde spüren, so brauchen wir die Wärme der anderen. Wir spüren Leben in uns, so wie in der Erde Leben ist und aus ihr neues Leben wächst.

Eine brennende Kerze wird auf das Tuch gestellt.

SCHRIFTTEXTE

Gen 12,1–5   Abram verläßt sein Land
Lk 13,18–19 Gleichnis vom Senfkorn
Mk 10,28–30 Die Jünger haben Vertrautes verlassen und losgelassen. Durch Jesus eröffnet sich für sie ein neuer Blick (Reich Gottes, Auferstehung, ewiges Leben).

FÜRBITTEN

Guter Gott, du bist immer bei uns und gerade auch dann, wenn wir uns verlassen fühlen. Wir bitten dich:

- Im Herbst muß der Baum alle Blätter loslassen, damit er überleben kann: Gib du uns die Kraft die Dinge loszulassen, die wir nicht festhalten können.
- Im Winter ruht alles Leben, und die Erde nimmt die toten Blätter in sich auf: Schenke uns Gelassenheit, so daß wir abschalten und etwas von dieser Ruhe aufnehmen können.
- Im Frühjahr wächst aus der Erde neues Leben: Stärke uns in dem Glauben, daß alles Leben immer wieder neu beginnt.
- Im Sommer wärmt die Sonne alles mit ihrer Kraft: Sende uns, wenn wir uns verlassen fühlen, die Wärme von lieben Mitmenschen.

Du Gott, Herr über Vergehen und Neuwerden, stärkst unsere Kräfte des Wachsens und Neubeginnens, heute und immer. Amen.

GEBET

Jesus Christus, du warst in deinem Leben viel unterwegs und mußtest oft deine vertraute Umgebung und liebgewonnene Freunde und Freundinnen verlassen. Letztendlich mußtest du auch dein Leben loslassen. Dafür hast du neues, ewiges Leben geschenkt bekommen. Erinnere uns immer wieder daran, daß nach jedem Ende wieder etwas Neues beginnt. So sei du bei uns und begleite uns, wenn wir allein oder in der Gemeinschaft sind, wenn wir weinen oder lachen. Amen.

LIEDVORSCHLÄGE

EH 112	»Durch das Dunkel hindurch«
EH 138	»Alle Knospen springen auf«
EH 162	»Wo Menschen sich vergessen«

Ulrike Prießnitz

Wenn es darauf ankommt, ist es gar nicht so leicht, der »king« zu sein

THEMA

Mensch zu werden ist ein ständiges Sich-Orten, Sich-selbst-Verstehen aus der Beziehung zu seinen Mitmenschen, ohne sich davon bestimmen zu lassen. In der Klasse, in der Freundesclique und in der Freizeit-Zweckgemeinschaft des Sports erleben Kinder und Jugendliche Unterschiede zwischen – oberflächlichem – Imponieren und – bewußter – Geltung. Sie lernen, daß Geltungsansprüche dann glaubwürdig sind, wenn sie verbunden sind mit der Bereitschaft zur Verantwortung, z. B. bei der Klassensprecherwahl. Nicht immer übernehmen die, die die Fähigkeiten und Kräfte haben, die Verantwortung. Oft wird auch jemand mit einer Aufgabe beladen und damit überfordert.
Die biblische Legende in Ri 9,7–21 von den Bäumen, die ihren König, ihren »king« wählen wollten, spricht in diese Situation hinein. Es muß nicht der gesamte geschichtliche Zusammenhang der Jotam-Fabel aufgerollt werden. Es genügt, die Rivalität zwischen Abimelech und Jotam um die Führungsaufgabe für das Volk Gottes zu benennen. Eine Sinnspitze der Fabel zielt auf die Frage: Welche Absicht haben die »Königsmacher«? Was bewegt sie, den Dornbusch zu wählen?
Zwei Antworten sind denkbar: Zum einen sind sich Ölbaum, Feigenbaum und Weinstock zu schade für den Dienst an der Gemeinschaft. Zum anderen dient ihnen ein schwacher König, weil er ihren eigenen Interessen dienstbar scheint. Schließlich gilt es auszuleuchten, was den Dornstrauch bewegt, das Amt anzunehmen. Mögliche Antworten auf diese Frage sind:
– Endlich kann ich auch mal was gelten, wo ich sonst immer bloß für unnütz gelte.
– Die anderen werden schon wissen, wen sie wählen, ich kann ihnen nur meine Möglichkeiten anbieten: wer der prallen Sonne ausgesetzt ist, wird selbst den dürftigen Schatten schätzen, den ich zu werfen vermag.

– Ich kann zwar nicht mit Superlativen aufwarten, aber ich weiß, daß ich mit Gottes Hilfe vielleicht mehr bewirken kann als mancher mit seiner Prahlerei. Immerhin war es ein Dornbusch, durch den Gott zu Mose gesprochen hat.

GESTALTUNGSELEMENTE

Predigtspiel

Die Fabel wird auf die schülergerechte Situation einer Klassensprecherwahl übertragen. Einige Schülerinnen und Schüler haben sie in kleinen Spielszenen vorbereitet.

1. Szene

Einige Meinungsführer in der Klasse, die aus verschiedensten Gründen »oben« sind, sei es durch schulische Leistung oder durch Wortführen oder körperliche Stärke, argumentieren: Warum brauchen wir denn überhaupt ein solches Amt des Klassensprechers? (Es soll deutlich werden, daß sie selber Machtverlust befürchten.)
Nach dieser Szene wird im Hintergrund ein Spruchband aufgezogen, auf dem zu lesen ist: »Ich bin nicht gekommen, mich bedienen zu lassen, sondern zu dienen.«

2. Szene

Wenn es denn aber sein muß, einen Klassensprecher zu wählen, sagt sich der »Ölbaum« (z. B. Charmeur bei den Mädchen), der Feigenbaum (Spitzensportlerin) oder der Weinstock (Schüler mit guten Leistungen): Das ist mir zu viel Last und Ärger. Mit den Lehrern oder Elternvertretern zu verhandeln, ist mir zu mühsam. Und dann lassen mich womöglich noch die eigenen Mitschülerinnen und Mitschüler im Stich. Nein, danke – da ist mir meine Freizeit doch lieber!
Im Hintergrund wird ein zweites Spruchband aufgezogen: »Wer der erste unter euch ist, soll der Diener aller sein.«

3. Szene

Also wenn ihr meint, dann wählt doch einfach den XY. Der freut sich, wenn er auch mal was gilt. Er ist ja ziemlich naiv. Wenn der sich querlegt, haben wir ihn schnell in der Zange. Der muß tun, was wir wollen.

4. *Szene*

Schon komisch, sonst sind die dauernd vorne dran und führen das große Wort. Na ja, in Sport, Mathe oder bei den Mädchen, da haben die schon was los. Aber jetzt – warum wollen die eigentlich nicht, wo doch jeder sieht, daß es ohne Klassensprecher nicht geht und nur Chaos gibt? Die sind sich scheinbar zu schade für so etwas.
Ich könnte das machen – ja, ich mach das. Bei mir wissen sie, woran sie sind. Ich habe nichts zu verschenken. Aber was ich kann, bringe ich ein – so wie bei Mose. Feuer ging vom Dornbusch aus. Er verbrannte nicht. Feuer ging von Mose aus, das Feuer, die Kraft, die Gott in einen Menschen legt.

Bußbesinnung

Gott, wie oft hören wir jeden Tag bei allen möglichen Geschäften: »Was kostet das?« Wir sind in Gefahr, auch das, was man nicht in Geld ausdrücken und um Geld haben kann, danach zu beurteilen, was es nützt, was es kostet. Dabei geht uns aber vieles verloren, was unser Leben reich und wertvoll macht.

Herr, wir sind kleinlich. Wenn wir für andere uns einsetzen und Verantwortung übernehmen sollen, fragen wir kleinlich: Was habe ich davon? So hat Jesus nicht gelebt.
Herr, erbarme dich unser.

Herr, wir sind unehrlich, wenn wir auf andere, vielleicht sogar Schwächere abladen, was wir selbst nicht tragen wollen. So hat Jesus nicht gelebt.
Christus, erbarme dich unser.

Herr, wir staunen, was Menschen möglich ist, in der Welt zu verändern, die bereit zum Dienen sind. So hat Jesus gelebt.
Herr, erbarme dich unser.

SCHRIFTTEXTE

Ri 9,7–21   Die Fabel vom König der Bäume
Phil 2,5–11   Das Beispiel Christi

FÜRBITTEN

Jesus Christus, du hast eine Gemeinschaft aufgebaut, die wir Kirche heißen. Sie soll ein Werkzeug sein, ein Anfang für das, was du mit unserer Welt vorhast, nämlich Reich Gottes zu werden.

- Die Gemeinschaft in der Familie, in der Schule und unter Freunden hält nur, wenn jeder ein wenig Verantwortung übernimmt. Herr, wecke in uns den Mut dazu.
- Oft verlangen wir von anderen, sich für uns einzusetzen. Herr, wecke in mir den Mut, daß ich auch selbst bereit bin, mich für andere einzusetzen.
- Manchmal laden wir auf andere, meist auf Schwächere ab, wozu wir selbst nicht bereit sind, und kritisieren und lästern dann auch noch über sie. Herr, wecke in mir die Ehrlichkeit, nicht mehr von anderen zu verlangen als ich selber zu geben bereit bin.
- Du hast deinen Jüngern viel zugetraut. Und wenn sie versagt haben, hast du sie nicht weggeschickt, sondern ihnen geholfen, aus Fehlern zu lernen. Herr, gib mir den Mut, nach deinem Beispiel zu handeln

Jesus, du hast gesagt: Ich bin nicht gekommen, um mich bedienen zu lassen, sondern um zu dienen. Wir danken dir, daß du selbst so gelebt hast. Amen.

LIEDVORSCHLÄGE

Tr 116	»Einer hat uns angesteckt«
Tr 132	»Entdeck bei dir«
Tr 21	»Laß uns in deinem Namen, Herr«

Robert Widmann

Glauben und leben mit allen Sinnen

THEMA

Gott hat uns fünf Sinne gegeben, damit wir die Natur, die Menschen, alles, was uns umgibt, wahrnehmen können. Oft leben wir nur mit dem Kopf, auch in der Schule wird oft nur der Kopf benutzt. Das Denken spielt eine beherrschende Rolle, und die Sinne gehen dabei ein wenig unter. Unsere Sinne sind aber ein Geschenk Gottes, das unser Leben bereichert. Die Sinne sind auch notwendig, um sensibel zu werden für den Erhalt dessen, was wir sehen, hören, riechen, schmecken, befühlen können, um sensibel zu werden für den Erhalt der Gaben und Schönheiten von Gottes Schöpfung und für den Erhalt der Menschlichkeit. Denn es ist auch wichtig, wie Jesus den Blick für den Mitmenschen zu haben, ihn riechen und aufeinander hören zu können und ihm mit Zärtlichkeit zu begegnen.

GESTALTUNGSELEMENTE

Einführung

(Wenn die Schüler/innen den Raum betreten, sollen ihre Sinne bereits angeregt werden durch Duftlampen, Duftkerzen, Musik, Bilder, Blumen, sonstigen Schmuck.)

Ohne Sinne würden wir nicht mitbekommen, was um uns herum geschieht.
Schließt eure Augen: Es ist alles dunkel, ihr seht die Schulkameraden/-kameradinnen nicht, die neben euch sitzen, ihr seht die schönen Blumen auf dem Altar nicht und die schönen Bilder und ...

Und nun klemmt eure Nase zu: Ihr riecht nichts mehr, den tollen Duft der Blume nicht, die unter eure Nase gehalten wird *(Lehrer/innen oder Schüler/innen gehen mit Duftrosen zu den ein-*

zelnen Schüler/innen). Ihr werdet das kennen, denn wenn ihr Schnupfen habt, riecht ihr auch kaum etwas, selbst das Essen schmeckt euch nicht mehr richtig ...

Und jetzt steckt die Finger in eure Ohren: Ihr hört dann nicht mehr viel. Ich muß viel lauter reden, damit ihr mich noch versteht. Ihr hört weder die Vögel draußen singen noch den leisen Ton der Orgel (oder einer Flöte oder einer Gitarre) ...

Und nun stellt euch noch vor, ihr hättet keine Hände und könntet nichts berühren, kein Schmusetier, nicht die Hände oder das Gesicht eines anderen, keinen Stift zum Schreiben und Malen, keine Blume ...

Aktion

Auf einem Tisch liegen verschiedene Dinge, die mit den Sinnen erfaßt werden können:
Blätter, die unterschiedliche Strukturen haben;
Steine, die unterschiedliche Formen haben, was nicht nur zu sehen ist, sondern auch beim Betasten besonders gut zu spüren ist;
einen Zweig, dessen Rascheln man hört, wenn man ihn bewegt;
Sand, dessen Feinheit man fühlt, wenn man ihn durch die Finger rieseln läßt;
Wasser, mit dem man sich benetzen und dessen Plätschern man hören kann;
Pfefferminzblätter, die man riechen kann, besonders dann, wenn man die Blätter mit den Fingern zerreibt;
eine Karotte, die aufgeschnitten eine interessante Struktur zeigt und beim Essen besonders knackig ist;
eine Traube (oder andere Frucht) zum Schmecken *(bekommt jede/r Schüler/in in die Hand).*

Schüler/innen kommen nach vorne und probieren all das aus, sie setzen so ihre Sinne ein.

Geschichte zur Meditation

Die Blumen des Blinden

In einem kleinen Haus mit einem großen Garten lebte ein blinder Mann. Er verbrachte jede freie Minute in seinem Garten und pflegte ihn trotz seines Handicaps mit großer Hingabe. Ob Frühling, Sommer oder Herbst, der Garten war ein Blütenmeer. »Sagen Sie«, bemerkte ein Vorübergehender, der die Pracht bestaunte, »warum tun Sie das? Sie können doch davon nichts sehen, oder?« »Oh, nein«, antwortete der Blinde, »nicht das geringste.« »Warum kümmern Sie sich denn dann überhaupt um den Garten?« Der Blinde lächelte: »Ich kann Ihnen dafür vier Gründe nennen: Erstens, ich liebe die Gartenarbeit; zweitens, ich kann meine Blumen anfassen; drittens, ich kann ihren Duft riechen. Der vierte Grund sind Sie!« – »Ich? Aber Sie kennen mich doch gar nicht!« »Nein, aber ich wußte, Sie würden irgendwann vorbeikommen. Sie hätten Freude an meinen herrlichen Blumen, und ich hätte Gelegenheit, mich mit ihnen darüber zu unterhalten.«

SCHRIFTTEXT

Mk 7,31–37   Die Heilung eines Taubstummen

FÜRBITTEN

Guter Gott, wir freuen uns, wenn wir draußen in der Natur deine Spuren entdecken können. Wir bitten dich:

- Laß uns mit offenen Augen durch die Welt gehen, daß wir all die schönen Dinge sehen, auch die unscheinbaren.
- Laß uns immer wieder zur Ruhe kommen, damit wir auch die leisen Töne in unserer Umgebung hören: das Singen der Vögel, das Wehen des Windes, das Plätschern des Baches.
- Laß uns neue Kraft schöpfen, wenn wir in den Bergen oder am Meer deine Größe und Nähe spüren.
- Laß uns den Menschen helfen, die manche ihrer Sinne verloren haben, denen, die nicht gut hören, oder denen, die nicht gut sehen können – damit sie ihre anderen Sinne um so besser nutzen können.

Guter Gott, wir können dich in so vielen Dingen entdecken und mit allen Sinnen erfahren. Du hast die Natur wunderbar gestaltet. Dafür loben und preisen wir dich. Amen.

LIEDVORSCHLÄGE

EH 181	»Gott gab uns Atem«
Tr 410	»Morning has broken« (evtl. mit deutschem Text »Schön ist der Morgen«)
Tr 378	»Laudato si«
Tr 295	»Effata«

Reinhold Jochim

Gewalt hat viele Gesichter

THEMA

Den Schülerinnen und Schülern begegnet »Gewalt« beinahe täglich. Nicht nur Medien in jeder Form berichten über Gewalttaten und produzieren Gewalt in Filmen, Videos und vor allem elektronischen Spielen. Gewalt wird erlebt als Opfer und Täter, angefangen vom Elternhaus über die Schule bis hin zur Freizeit.
So sammelten bei der Vorbereitung die Schülerinnen und Schüler Gedanken und Stichworte zum Thema: Gewaltverherrlichung, Ausgrenzung, Witze über Minderheiten, Tierquälereien, Anmache, grundloses Schlagen, Gewalt in den Medien, Erpressung in der Schule, Gruppenzwang, Gewalt in der Familie, Drogen, Angst, Hilflosigkeit, Verlieren ist immer schlecht. Im Schülergottesdienst soll über Gewalt nachgedacht und aufgezeigt werden, daß Gewalt keine Lösung ist, daß mein Verhalten auch zur Gewalt beitragen kann, daß Gewalt viele »Gesichter« hat.
Material: Tapeten- oder Papierrolle beklebt mit aktuellen Zeitungsartikeln, Bildern zum Thema Gewalt. Teelichter entsprechend der Anzahl der Teilnehmer, Bast etc. für alle Schülerinnen, Schreibstifte, CD-Spieler und Disc mit »harter Musik« und Meditationsmusik.

GESTALTUNGSELEMENTE

Anspiel

Spielszene 1

Eine fröhliche Runde spielt (evtl. als Pantomime) ein Kartenspiel. Die Mitspieler spielen freundschaftlich, geben sich Anerkennung. Nach einiger Zeit setzt harte Musik ein. – Das freundschaftliche Spiel bricht ab, Streit entsteht, ein Stuhl fällt um. Die Szene endet mit Handgreiflichkeiten und Aggression.

Schülerin/Schüler:
Wir fragen uns, ob das so sein muß. Gibt es keine anderen Wege? Wir haben für diesen Gottesdienst das Thema »Gewalt« gewählt. Das hat seine Gründe: Wir finden, daß das Thema uns alle betrifft. Auch in der Schule erleben und sehen wir Gewalt: beim grundlosen Schlagen, bei Aggressionen gegen Jüngere und Schwächere, beim Verspotten von Außenseitern, bei Belästigungen und bei Anmache. Wir sehen Gewalt auch um uns herum im Fernsehen und im Kino. Oft gibt es auch Gewalt in Familien. Wir schauen häufig zu bei Gewalt um uns herum, wir sind auch Betroffene, aber wir sind auch manchmal dabei und selber Täter. Wir fragen uns, ob das so sein muß. Gibt es keine anderen Wege?

Spielszene 2

Es wird die Rückgabe einer Klassenarbeit gespielt. Der Lehrer kommentiert beim Austeilen der Hefte die Leistungen. Ein Schüler hat eine sehr schlechte Note. Der Schüler rastet aus, zieht ein Messer, geht auf den Lehrer los.

Schülerin/Schüler:
In diesem Gottesdienst wollen wir über Gewalt nachdenken. Wir wollen zeigen, daß Gewalt keine Lösung ist, und uns Gedanken machen, wo ich selbst zur Gewalt beitrage, und über ein anderes Verhalten nachdenken.

Schreibmeditation

Eine große Rolle Papier (z. B. Tapetenrückseite) wird ausgerollt, die mit Zeitungsmeldungen und Bildern über Gewaltereignisse der Woche beklebt ist. Damit werden die Schülerinnen und Schüler motiviert, darüber nachzudenken, wo sie selbst Gewalt erleben und von Gewalt um sie herum betroffen sind. Sie werden eingeladen, das Band zu betrachten und eigenes Erleben, Betroffenheiten, Ängste in Stichworten dazuzuschreiben. Zur Besinnung hilft eine meditative Musik.

Überleitung zum Evangelium

Das Lied »Eines Tages kam einer« wird vor dem Evangelium gesungen.

Geht es auch anders? Eines Tages kam einer, der hat sich zu den Menschen gesetzt, hat sie angenommen, hat vom Frieden und der Versöhnung gesprochen. Er hat einen anderen Umgang geprägt, als die Gesetze des Handelns sonst vorschreiben. Hören wir eine solche Situation aus der Bibel:

SCHRIFTTEXT

Joh 8,3–11   Jesus und die Ehebrecherin

FÜRBITTEN

Eine Schülerin oder ein Schüler entzündet ein Teelicht, stellt es auf das ausgerollte Band und liest folgenden Text:
Licht – eine kleine, schwache Flamme brennt. Eine Kerze ist schnell wieder aus. Schon ein kleiner Windzug löscht sie. Und doch! Schon eine Flamme bringt Licht in die Dunkelheit, gibt Geborgenheit und Wärme. Wie ist das erst, wenn viele Kerzen brennen. – *Alle entzünden die Kerze.* – Die Kerze soll uns ein Sinnbild sein und sagen: ein Mensch muß anfangen, mit der Gewalt aufzuhören, muß diesen Kreislauf unterbrechen, wo Gewalt immer wieder Gewalt erzeugt. Ein Mensch muß anfangen, Gedanken des Friedens zu denken und danach zu handeln – wie Jesus es uns gezeigt hat. Daraus kann eine Bewegung werden: ein Lichtermeer, ein Friedensmeer gegen Gewalt. Fangt an! Denkt einen Gedanken des Friedens, und stellt die Kerze auf das Band am Boden.

Eine nach dem anderen stellt das Teelicht auf das Band.

Alternativ dazu schreiben die Schülerinnen und Schüler Gedanken des Friedens auf Zettel und decken damit die Berichte über Gewalt auf dem Band zu.

SEGENSGEBET

Herr, mach mich zu einem Werkzeug deines Friedens,
daß ich liebe, wo man haßt;
daß ich verzeihe, wo man beleidigt;
daß ich verbinde, wo Streit ist;

daß ich die Wahrheit sage, wo Irrtum ist;
daß ich Glauben bringe, wo Zweifel droht;
daß ich Hoffnung wecke, wo Verzweiflung quält;
daß ich Licht entzünde, wo Finsternis regiert;
daß ich Freude bringe, wo der Kummer wohnt.
Herr, laß mich trachten,
nicht, daß ich getröstet werde, sondern daß ich tröste;
nicht, daß ich verstanden werde, sondern daß ich verstehe;
nicht, daß ich geliebt werde, sondern daß ich liebe.
Denn wer sich hingibt, der empfängt;
wer sich selbst vergißt, der findet;
wer verzeiht, dem wird verziehen;
und wer stirbt, der erwacht zum ewigen Leben.

(Gotteslob 29,6)

LIEDVORSCHLÄGE

EH 165   »Unfriede herrscht auf der Erde«

Tr 200   »Eines Tages kam einer«

Rudi Kaiser

Unternehmen Brückenschlag

THEMA

Auch Kinder und Jugendliche machen mehr denn je die Erfahrung, daß Freundschaften nicht immer halten und daß Menschen aus verschiedensten Gründen in Isolation geraten können. Sie machen diese Erfahrung auch in der Schule, wo sie mindestens einen halben Tag intensiv zusammenleben. In dicsem Zusammensein erleben sie aber ebenso, daß neue Beziehungen und Freundschaften möglich sind, daß Schulkameradinnen und -kameraden, die sich schwertun oder die anders sind als die Mehrheit, aus ihrer Isolation befreit werden können durch solche, die einen Blick für diese Menschen haben und auf sie zugehen.
Dieser Gottesdienst soll dazu ermutigen, immer wieder einen Brückenschlag über Gräben der Intoleranz und Mißachtung anderer zu unternehmen, um dadurch bereichert zu werden.

GESTALTUNGSELEMENTE

Pantomimisches Anspiel

Zwei Schüler/innen streiten sich heftig, nach einer Weile kommt ein dritter hinzu und versucht, beide zu versöhnen. Mit der Zeit lassen die beiden voneinander ab, und zum Schluß geben sie sich die Hand und schlagen damit die Brücke der Versöhnung zueinander.

Ein Schüler steht traurig abseits einer mehrköpfigen Schülergruppe, die sich offensichtlich gut versteht. Nach einer Weile bemerkt eine aus der Gruppe, daß da ein anderer traurig abseits steht. Sie macht die anderen darauf aufmerksam, geht dann zu diesem Außenseiter hin und holt ihn herein in die Gruppe.

Eine neu in die Klasse gekommene ausländische Schülerin tut sich schwer mit dem Lernen und Verstehen, weil sie noch nicht so gut Deutsch kann. Sie sitzt etwas ratlos über einem Buch und ihrem Heft an einer Schulbank. Ein anderer Schüler bemerkt ihre Ratlosigkeit, begibt sich zu der Neuen, setzt sich zu ihr und versucht, ihr zu helfen.

Aktion »Brückenbau«

An der Wand sind auf einem Riesenplakat zwei »Brückenpfeiler« gemalt. Die Schüler/innen bekommen »Brückensteine«, die aus braunem Plakatkarton hergestellt wurden. Auf diese »Steine« schreiben sie zu meditativer Musik, was dazugehört, um Brücken zu Menschen bauen zu können. Anschließend werden die »Brückenpfeiler« mit diesen »Steinen« verbunden – einige werden dabei vorgelesen.

Meditation

Song von Pur: »Neue Brücken« aus der CD »Seiltänzertraum« – dazu ein Bild von einer Brücke einblenden.

Biblische Anspiele

Beispiele aus dem Evangelium, in denen Jesus Brücken zu Menschen baute – die Bibeltexte können langsam vorgelesen oder erzählt werden. Parallel dazu werden die Szenen pantomimisch gespielt oder die Szenen werden mit Sprechtexten gespielt:

– Heilung der gekrümmten Frau in Lk 13,10–17: Jesus heilt die Frau trotz Empörung des Synagogenvorstehers.

– Segnung der Kinder in Lk 18,15–17: Jesus läßt die Kinder zu sich, obwohl sie zuerst von den Jüngern abgewiesen werden.

– Heilung des Blinden bei Jericho in Lk 18,35–43: Jesus wendet sich dem Blinden zu, der zuvor von verärgerten Leuten zum Schweigen gemahnt wird.

SCHRIFTTEXTE

Lk 13,10–17   Die Heilung der gekrümmten Frau
Lk 18,15–17   Die Segnung der Kinder
Lk 18,35–43   Die Heilung des Blinden

GEBET

Guter Gott, Brücken sind wichtig. Sie überwinden Flüsse, Kluften oder Täler. Aber Brücken sind noch mehr. Sie verbinden, sie versprechen einen Weg zur anderen Seite, sie schaffen Einheit von Getrenntem, sie tragen. Brücken sagen auch etwas Tieferes über uns Menschen aus. Brücken zu schlagen zwischen Menschen ist die Art christlicher Nächstenliebe.
Guter Gott, gib uns Mut, Brücken zu bauen durch gute Worte, durch Annahme der Andersartigkeit von Menschen, durch Versöhnung nach einem Streit, durch Zärtlichkeit und Liebe.
Dein Sohn Jesus Christus hat uns dies vorgelebt. Er hat zu Menschen Brücken gebaut, die von anderen abgebrochen waren. Er hat damit auch eine Brücke zu dir, dem Gott der Liebe und Versöhnung geschlagen. Dafür danken wir dir und bitten dich: Laß uns selber immer wieder Brückenerfahrungen machen, Erfahrungen von Verbindung und Kontakt zu unseren Mitmenschen. Das bitten wir durch Jesus Christus, unseren Bruder und Herrn. Amen.

LIEDVORSCHLÄGE

Tr 19	»Ich möchte gerne Brücken bauen«
Tr 444	»Ich bin allein, du bist allein«
Tr 450	»Eine Brücke laßt uns bauen«
Tr 647	»Ich will eine Brücke bauen«

Reinhold Jochim

Suchen und Fragen

Lebensgefühl Jugendlicher

Zeit

THEMA

Das Leben von Jugendlichen ist stark von der Schule und von der Freizeitgestaltung geprägt. Der Gottesdienst möchte den Fragen nachgehen, die Jugendliche in bezug auf ihren Umgang mit der Zeit haben können. Wie gehe ich mit der Zeit um? Wie gestalte ich mein Leben? Mit wem verbringe ich meine Zeit und mit was? Der Gottesdienst möchte das Bewußtsein Jugendlicher schärfen, wie man sinnvoll mit der Zeit umgehen kann, daß es zur menschlichen Erfahrung konstitutiv dazugehört, gute und schlechte Zeiten zu erleben. Wir Menschen leben in dieser Spannung von positiven und belastenden Erfahrungen, diese Spannung gilt es auszuhalten. Gerade in einer Zeit, in der es auf den »Kick« ankommt, in einer Zeit, die durch Handy-Kultur u. a. so schnellebig geworden ist, möchte dieser Schülergottesdienst ein kleines Innehalten den Jugendlichen ermöglichen.

GESTALTUNGSELEMENT

Sprechspiel zur Eröffnung

Musikalisch wird der Gottesdienst mit dem Uhrengeläut aus »Time« von der Musikgruppe Pink Floyd begonnen.
Dann verlesen eine Schülerin (S 1) und ein Schüler (S 2) langsam und deutlich, mit kleinen Pausen dazwischen, folgende Begriffe:

Gute Zeiten – schlechte Zeiten (S 1), Zeit ist Geld (S 2), Halbwertszeit (S 1), Kommt Zeit, kommt Rat (S 2), Zeitvertreib (S 1), Die gute alte Zeit (S 2), Keine Zeit (S 1), Friedenszeit (S 2), Langzeitarbeitslosigkeit (S 1), Zeitvertrag (S 1).

Lehrer(in): Ich darf euch und Sie alle zu unserem Schülergottesdienst begrüßen. Ja, wie ihr gehört habt, haben wir in unserer Sprache viele Begriffe, die mit dem Thema »Zeit« zu tun haben. Häufig verwenden wir den Ausdruck »Ich habe keine Zeit« oder »Das ist Zeitverschwendung«. Unser Gottesdienst möchte sich Zeit nehmen, über das Thema »Zeit« nachzudenken. Wir leben in einer schnelllebigen Zeit. Deutlich wird das vor allem, wenn ich Leute mit ihrem Handy auf der Straße oder im Restaurant beobachte. Da sieht man zwei, die miteinander fortgehen. Der Handybesitzer ist beim Gespräch mit seinem Gegenüber nicht voll dabei, sobald sein Handy läutet.

Im Schrifttext werden wir aufmerksam gemacht, daß wir uns für alles im Leben Zeit nehmen sollen. Wir werden darauf aufmerksam gemacht, daß es für alles im Leben eines Menschen eine bestimmte Zeit gibt. Der Weisheitslehrer Kohelet sagt uns: Du Mensch, nimm dir Zeit für alles, was du erlebst, wenn es dir gutgeht, genieße es in vollem Maße, wenn dir Schlechtes widerfährt, verdränge es nicht. Kohelet sagt uns nicht: Hole alles heraus, was du nur kannst, suche überall den »Kick«, nein, er sagt uns, sei aufmerksam bei allem, was du tust, sei voll dabei und nicht schon wieder woanders mit deinen Gedanken und Gefühlen.

Hören wir also nun den Schrifttext. Im Anschluß daran hören wir ein Lied von der Gruppe »The Byrds«, die das besingt, was wir im Bibeltext gehört haben.

SCHRIFTTEXT

Koh 3,1-8   Alles hat seine Stunde

(Der Bibeltext wird von einer Lehrerin [L 1] und einem Lehrer [L 2] abwechselnd vorgelesen.)

Alles hat seine Stunde. Für jedes Geschehen unter dem Himmel gibt es eine bestimmte Zeit.

Lehrerin (L 1)	Lehrer (L 2)
eine Zeit zum Gebären	und eine Zeit zum Sterben

eine Zeit zum Pflanzen	und eine Zeit zum Abernten der Pflanzen
eine Zeit zum Töten	und eine Zeit zum Heilen
eine Zeit zum Niederreißen	und eine Zeit zum Bauen
eine Zeit zum Weinen, eine Zeit für die Klage	und eine Zeit für den Tanz
eine Zeit zum Steinewerfen	und eine Zeit zum Steinesammeln
eine Zeit zum Umarmen	und eine Zeit, die Umarmung zu lösen
eine Zeit zum Suchen	und eine Zeit zum Verlieren
eine Zeit zum Behalten	und eine Zeit zum Wegwerfen
eine Zeit zum Zerreißen	und eine Zeit zum Zusammennähen
eine Zeit zum Schweigen	und eine Zeit zum Reden
eine Zeit zum Lieben	und eine Zeit zum Hassen
eine Zeit für den Krieg	und eine Zeit für den Frieden.

Danach Musikstück:

The Byrds »Turn! Turn! Turn! (To everything there is a season)«

FÜRBITTEN

Wir wollen Fürbitte halten und antworten mit dem Liedruf: Herr, erbarme dich. Herr Jesus Christus, wir kommen vor dein Angesicht und bitten dich:

- Für alle, für die unsere Zeit so schnellebig und unüberschaubar geworden ist.

- Für uns alle in der Schule, daß wir aufmerksam und freundlich miteinander umgehen.

- Für unsere Familien und unseren Freundeskreis, daß wir bewußt mit der Zeit, die du uns gegeben hast, umgehen.

- Für uns selbst, daß wir erkennen, daß du für unser Leben wichtig bist.

- Für alle, die in unserer Welt Verantwortung haben, daß sie achtsam sind, für welche Entscheidungen es Zeit ist.

Höre unsere Bitten, o Herr, und ändere unsere Herzen. Amen.

SEGENSGEBET

Gottes Kraft stärke unseren Rücken in dieser unruhigen Zeit,
so daß wir aufrecht stehen können.
Gottes Zärtlichkeit bewahre unsere Schultern,
so daß wir die Lasten tragen können.
Gottes Weisheit bewege unseren Nacken,
so daß wir den Kopf frei heben können
und ihn dorthin neigen,
wo unsere Zuneigung vonnöten ist.
Gottes Zuversicht erfülle unsere Stimme,
so daß wir sie erheben können,
laut und klar.
Gottes Sorgfalt behüte unsere Hände,
so daß wir andere berühren können,
sanft und bestimmt.
Gottes Kraft stärke unsere Füße,
so daß wir auftreten können,
fest und sicher.
Das gewähre uns der gute und treue Gott: Der Vater, Sohn und
der Heilige Geist. Amen.

LIEDVORSCHLÄGE

EH 121	»Meine Zeit steht in deinen Händen«
EH 155	»Uns're Zeit in Gottes Händen«
EH 152	»Suchen und fragen«
EH 123	»Von guten Mächten«
EH 5	»Herr, erbarme dich«

Ulrike Arlt

Streit und kein Ende?

THEMA

Der Gottesdienst nimmt die Erfahrung der Jugendlichen auf, daß es immer wieder Streit gibt. Er wurde für einen Schulgottesdienst zum Buß- und Bettag zusammen mit Schülerinnen und Schülern einer Religionsklasse konzipiert, in der untereinander offene Konflikte herrschten. Das Anspiel für diesen Gottesdienst haben die Schüler selbst entworfen. Mit Hilfe von bemalten Folien und verschiebbaren Figuren werden Szenen nachgestellt, die mit dem Overheadprojektor an die (Lein-)Wand projiziert werden. Dazu tragen einige Schüler als Sprecher einen Streit vor.
Das unten vorgestellte Anspiel kann als Beispiel dienen. Gut ist es, wenn eine den Schülergottesdienst mitgestaltende Religionsklasse ein eigenes Anspiel zu einem Streit entwirft.

GESTALTUNGSELEMENTE

Anspiel: Streit und kein Ende?

Auf einen Overheadprojektor (OHP) wird eine Folie mit der Überschrift »Streit und kein Ende?« gelegt. Sieben Schülerinnen und Schüler kommen nach vorne ans Mikrofon.

1. Schüler/in: Streit und kein Ende? Ihr seht nun ein Anspiel ausgedacht, gemalt und gesprochen von Schülerinnen und Schülern der Klasse 9.

1. Szene:

OHP: Zu sehen ist ein Schulgebäude, verschiedene Schüler (Figuren aus Karton ausgeschnitten) gehen auf das Schulgebäude zu.

1. Schüler/in: Wie jeden Morgen gehen alle in die Schule. Dennis ist auch dabei. Er ist ziemlich mürrisch. Er hat zur Zeit Probleme zu Hause und hat

außerdem noch schlecht geschlafen. Dazu kommt seine schlechte Mathe-Note vom Vortag. Einiges geht Dennis durch den Kopf.

Dennis: Ich bin noch viel zu müde für die Schule. Heute ist erst Mittwoch. Noch zwei Tage bis zum Wochenende. Die halbe Nacht habe ich nicht geschlafen. Ich bin ziemlich fertig.

2. Szene:

OHP: Eine Folie mit Tischen und einer Tafel als Klassenzimmer wird aufgelegt sowie Lehrer und Schüler als Kartonfiguren. Der Lehrer ist vorne an der Tafel, die Schüler hinter den Tischen.

1. Schüler/in: Es ist die erste Schulstunde. Der Lehrer fragt Dennis etwas, doch dieser weiß keine Antwort. Er ärgert sich.

3. Szene:

OHP: Die Lehrerfigur wird von der Folie genommen. Die Schülerfiguren werden in der Mitte der Folie zwischen den aufgemalten Tischen etwas zusammengestellt.

1. Schüler/in: Nun ist Pause – und da passiert es. Dennis schnauzt die Klasse an, nachdem er aus Versehen angerempelt wurde.

Dennis: Streßt mich nicht. Geht alle auf eure Plätze und haltet euer Maul!

2. Schüler/in: Was willst du eigentlich? Was meinst du denn, wer du bist?

3. Schüler/in: Laßt ihn doch in Ruhe!

4. Schüler/in: Misch du dich nicht ein! Das geht dich doch überhaupt nichts an!

Dennis: Mir stinkt's gewaltig. Ihr habt doch keine Ahnung!

5. Schüler/in: He, Dennis, was soll das eigentlich? Laß deine schlechte Laune nicht an uns aus! Wenn du ein Problem hast, dann red' mit uns darüber. Ansonsten halt die Klappe!

Dennis:	Ihr seid doch alle doof! Ihr versteht mich sowieso nicht!
6. Schüler/in:	Wie redest du mit uns? Du kriegst gleich eine aufs Maul!
1. Schüler/in:	An dieser Stelle brechen wir unser Anspiel ab. Wie so ein Streit weitergeht, das wissen wir alle nur zu gut, denn Streitereien und Raufereien kommen sicher in allen Klassen vor.

Ansprache

Wir alle wissen es: Streitereien kommen immer wieder vor, zum Beispiel in der Klasse, wie wir das im Anspiel gesehen haben, aber auch unter Freunden, in der Familie und nicht selten zwischen Geschwistern. Das erleben wir alle nur zu oft! Sicher, mancher Streit ließe sich vermeiden. Nicht selten wird er durch Kleinigkeiten ausgelöst, aber ich denke trotzdem: Ganz vermeiden läßt sich das Streiten nicht. Es kommt immer wieder vor und ist manchmal sogar nötig. Wir haben nun einmal verschiedene Meinungen und Ansichten, oder wir müssen unseren Enttäuschungen Luft machen. Das Streiten kann sogar wie ein klärendes Gewitter sein. Aber wichtig ist bei allem Streit, daß wir wie Jakob und Esau bereit bleiben, uns wieder zu versöhnen. Ganz entscheidend ist, daß wir auch wieder aufeinander zugehen und einander vergeben, daß wir nicht nachtragend sind. Dazu ermutigt uns Gott. Er möchte, daß wir einander vergeben, wie er ja auch uns vergibt. Er möchte, daß wir uns wieder vertragen, und wir wissen, wenn es uns gelingt, wie gut uns das tut.

SCHRIFTTEXT

Aus Gen 27–32	Streit und Versöhnung zwischen Jakob und Esau (nacherzählt nach der Neukirchner Kinderbibel von Irmgard Weth)

Jakob hatte einst seinen Bruder Esau betrogen. Obwohl Jakob der jüngere der beiden Brüder war, dem deshalb nicht der Segen und damit das größere Erbteil zustand, erschlich er sich diesen Segen von seinem Vater. Sein Vater war im Alter nämlich blind geworden und konnte deshalb nicht erkennen, wer vor ihm stand. Das nützte Jakob aus. Er machte seinem Vater mit einigen Tricks vor, daß er Esau sei, so daß dieser ihn segnete. Ihr könnt euch vorstellen, wie verärgert Esau war, als er heimkam und erkennen mußte, daß sein Bruder Jakob ihn betrogen hatte.

Aus Angst floh Jakob deshalb in eine ferne Stadt, nach Haran. Viele Jahre lang lebte Jakob im fremden Land. Aber immer mehr sehnte er sich nach Hause zurück. Ob ihm sein Bruder Esau noch böse war? Ob er es wagen durfte, ihn wiederzusehen? Jakob hatte immer noch Angst, wenn er an Esau dachte.

Eines Nachts sprach Gott zu Jakob im Traum: »Auf, Jakob! Geh wieder in deine Heimat zurück! Und vertraue mir! Ich gehe mit dir.« Da faßte Jakob Mut, rief seine Familie herbei und brach auf von Haran mit allem, was er besaß. Nach Wochen sah Jakob endlich in der Ferne das Land Kanaan. Da schickte er Boten zu Esau voraus, die sollten ihm sagen: »Jakob, dein Bruder ist da!« Aber bald darauf kamen die Boten wieder zurück und meldeten Jakob: »Wir haben Esau getroffen. Er kommt dir entgegen. Doch nimm dich in acht! Er ist nicht allein. 400 Männer begleiten ihn!« Als Jakob das hörte, erschrak er und verlor allen Mut. Er überlegte bei sich: 400 Männer? Das ist ja ein richtiges Heer! Womöglich will Esau Krieg mit mir führen? Was soll ich nur tun? Und Jakob betete zu Gott. Danach suchte Jakob in aller Eile aus seinen Herden die schönsten Tiere aus: Ziegen, Schafe, Böcke und Widder, auch Kamele, Kühe und Esel, eine riesige Herde. Die schickte er als Geschenk mit drei Knechten Esau entgegen. Wer weiß? dachte Jakob. Vielleicht ist Esau versöhnt, wenn er sieht, was ich ihm schenke?

Schon brach die Nacht herein. Da schlug Jakob sein Zelt am Fluß Jabbok auf. Aber in dieser Nacht fand Jakob keine Ruhe. Er wälzte sich auf seinem Lager und dachte voller Angst an den kommenden Morgen. Und in dieser Nacht hatte er eine seltsame Begegnung, oder war es nur ein Traum? Auf jeden Fall spürte er am nächsten Morgen: Gott war ihm ganz nah. Er bleibt bei uns. Nun hatte er Mut, seinem Bruder entgegenzugehen. Schon ging die Sonne auf. In der Ferne rückte Esau mit seinen Männern an. Schnell lief ihm Jakob entgegen und verneigte sich vor ihm siebenmal bis auf die Erde. Aber Esau eilte auf Jakob zu, und fiel ihm um den Hals. Da war mit einem Mal alle Angst verflogen. Beide Brüder lagen sich in den Armen und weinten vor Freude. Und beide spürten: Gott hatte sie miteinander versöhnt!

GEBET

Herr Jesus Christus, du sagst: So wie ich euch liebe, so sollt ihr euch auch untereinander lieben.
So wie ich euch vergebe, so sollt ihr euch auch untereinander vergeben.
Herr, schenke uns immer wieder die Kraft, nach einem Streit aufeinander zuzugehen und uns zu versöhnen, daß wir uns wieder vertragen wie Jakob und Esau.
Darum bitten wir heute und immer. Amen.

LIEDVORSCHLÄGE

LfJ 608	»Selig seid ihr«
LfJ 472	»Ach, ist das schön/Hinne ma tov« (Kanon)
LfJ 482	»Damit aus Fremden Freunde werden«
LfJ 379	»Gebt einander ein Zeichen des Friedens« (Kanon)
LfJ 552	»Herr, gib mir Mut zum Brückenbauen«
LfJ 636	»Wie ein Fest nach langer Trauer«

Tobias Schart

Zwischen coolness und action

THEMA

Das Anliegen dieses Gottesdienstentwurfes ist es, die Jugendlichen in ihrem Lebensgefühl anzuhören, wahrzunehmen, ernstzunehmen und darin überraschende Verbindungen zur biblischen Botschaft zu entdecken und ihre weiterführenden Impulse aufzuzeigen.
Ich kenne »cool« vom Wörterbuch, »keep cool« als ruhig Blut bewahren. Aber das ist nicht unbedingt das Gleiche und Treffende, was Jugendliche damit meinen. »Coolness« finde ich erst recht nicht als Stichwort in Bibelkonkordanzen und ebenfalls nicht in Stichwörtern von Gottesdienst- und Predigthilfen.
Im folgenden soll ein Weg aufgezeigt werden, wie am Lebensgefühl Jugendlicher angeknüpft und dieses dem Wesen Jesu gegenübergestellt werden kann. Eine Vertiefung kann dieses Spannungsverhältnis in der Begegnung mit biblischen Botschaften bzw. mit Heiligen-Gestalten finden.

GESTALTUNGSELEMENTE

Einführung: coolness und Jesus

Wo es die Beweglichkeit der Gemeinde zuläßt, werden per beweglichem Mikrofon spontane Äußerungen aus der Gottesdienstgemeinde eingeholt, zunächst zu der Frage:» »Was ist mit cool gemeint!« Und als zweites zu der Frage: »Wie kann das Wesen Jesu beschrieben werden!« Wenn das nicht möglich ist, werden von der Vorbereitungsgruppe Aussagen vorgegeben.

Was ist mit »cool« gemeint!
Der spricht mich an. Der ist gut, der hat's drauf. Der kippt nicht weg. Der hat's begriffen. Der weiß, wo's lang geht. Dem kannst du nichts vormachen ...

Wie kann das Wesen Jesu beschrieben werden?
Jesus nimmt sein Gegenüber ernst. Er hat kein herablassendes oder anbiederndes Einlassen auf seine Mitmenschen. Aus seiner intensiven Rückbindung an Gott (re-ligio) findet Jesus das richtige Verhältnis zwischen engagiertem Eingehen auf die Situation und hilfreichem Gelassenbleiben. Jesus entwickelt mit seinem Gegenüber Einsichten ins Leben, Durchblicke im Verworrenen, Aussichten auf eine neue Lebensgestaltung (Aktion), wo bisher Enttäuschung oder Gleichgültigkeit die Kräfte gelähmt haben.

Eine erste Annäherung zwischen »coolness« und religiösem Bezug kann mit »actio« und »contemplatio« beschrieben werden.

Wir hatten in unserem Gottesdienst als Gesprächspartner einen Vertreter dieser Lebensform eingeladen, einen Benediktinerpater.

Vertiefung: coolness und die Botschaft des Glaubens

Alttestamentlich: Anhand von Davids Kampf mit Goliat (1 Sam 17) läßt sich zeigen, daß Davids Erfolg nicht seinen menschlichen Fähigkeiten zuzuschreiben ist, sondern einer inneren Haltung entspringt, die sich als »coolness«, als Stärkung des Ich aus der Beziehung mit Gott verstehen läßt, die aber nicht abhebt, sondern um eine vernünftige Einsicht in eigene Stärken und Schwächen bemüht bleibt.

Heiligen-Gestalten: In der Darstellung vieler Heiliger lassen sich Beispiele für die Spannung von »coolsein« und »action« finden. Für Jugendliche nahe an ihrem Lebensgefühl ist die Auseinandersetzung des Franz von Assisi mit seinem Vater, wie er sich in einem Schritt großer Entschiedenheit von den Annehmlichkeiten eines Jünglings aus reichem Geschäftshaus trennt und zwischen »coolness« und »action« von seinem Vater enterbt wird.

Neutestamentlich: Im Gleichnis vom verlorenen Sohn (Lk 15) hat der Vater die »coole« Lebenshaltung dem Sohn gegenüber. Je ausgeprägter sein »coolsein« ist, desto mehr kommt auch die dazu notwendige »Leidenschaft« zur Wirkung, in der Ausdauer seines Wartens, in der Freude über die Umkehr und in der Ausrichtung des Festes.

In der Verkündigung muß deutlich werden: Je mehr sich Jesu »coolness« zeigt, um so mehr führt sie in die »Passion«, ins Leiden und zuletzt zum Kreuz. In der Auferstehung zeigt sich die untrennbare Zusammengehörigkeit von »coolness« und Leidenschaft Gottes in der Bejahung des Lebens. Es gilt, das Lebensgefühl der Jugendlichen ernstzunehmen und – entlang der Lebenslinie Jesu – zu einer leidenschaftlichen Bejahung des Lebens zu führen.

So könnte hier mit Jugendlichen als Vertiefung die Stellung einer Beraterin in der Schwangerschaftskonfliktberatung bedacht werden: Es braucht die notwendige »coolness«, um die Betroffenen zu eigenen Einsichten kommen zu lassen, und gerade dann die Fähigkeit, die Leidenschaft für das Leben durchzuhalten.

Besinnungstext nach der Kommunion

Cool sein

Manchmal sagen mir die Leute
man darf sein Gefühl nicht zeigen
denn die andern wünschten heute
lächelndes Geschwätz und Schweigen
   Und wer dieses Spiel nicht spielt
   wird daran zugrunde gehn
   weil man auf die Schwächen zielt
   dürfen andre sie nicht sehn

»Cool« ist eins der Lieblingsworte
Gut getarnt scheint halb gewonnen
Eisgesicht aus der Retorte
Produktion hat schon begonnen
   Wenn man weint, ist man kein Mann
   Kummer darf nie offen sein
   weil nicht sein darf, was nicht kann
   also heule stets allein

Lächerlich will ich mich machen
daß die Leute endlich merken
nur wer weint, kann wirklich lachen
nur wer schwach ist, hat auch Stärken
   Nur, wer seine Trauer zeigt
   Wut und Angst und Liebe auch
   wer sein Fühlen nicht verschweigt
   kriegt dafür auch, was er braucht

Wir sind nicht geboren
um uns ewig zu verstellen
Wirklich sind wir nur verloren
wenn wir mit den Hunden bellen
   Und Enttäuschungen tun not
   was man gibt, kriegt man zurück
   wer nicht leiden kann, ist tot
   nur, wer Trauer kennt, kennt Glück

Nur, wer schreien kann, ertrinkt nicht
nur, wer fällt, wird aufgehoben
nur, wer Dunkel kennt, kennt Licht
nur, wer unten war, kennt oben
   Grade, wer verletzlich bleibt
   und wer Angst und Hoffnung kennt
   wer sich an sich selber reibt
   ist, was man den Menschen nennt.

(Bettina Wegner)

SCHRIFTTEXTE

1 Sam 17,1–11.17–25a.32–51   David und Goliat
Lk 15,11–24   Gleichnis vom verlorenen Sohn

GEBET

Ich glaube zum Leben gehört mehr
als Essen und Trinken, Wohlstand und Gesundheit.
Ich glaube, zum Leben gehört mehr
als Lehren und Lernen, Begreifen und Verstehen.
Ich glaube, zum Leben gehört mehr
als Lust und Befriedigung, Erfolg und Glück.

Ich glaube, zum Leben gehört auch
Angst und Aufhören von Angst,
Trauer und Aufhören von Trauer.
Ich glaube, zum Leben, das ich lebe, gehört der,
der mir das Leben gab:
Gott, ich danke dir! Amen.

(Claudia Hofrichter)

LIEDVORSCHLÄGE

Tr 6	»Ins Wasser fällt ein Stein«
Tr 31	»Manchmal feiern wir«
Tr 200	»Eines Tages kam einer«
GL 622	»Hilf, Herr meines Lebens«

Robert Widmann

Maskerade – und alle spielen mit

THEMA

Gelingt es, das momentane Lebensgefühl von Menschen im Gottesdienst aufzugreifen, so fühlen sie sich angesprochen. An Fasching herrscht eine ähnliche Grundstimmung bei den meisten Menschen. Wird dieser Gottesdienst an einem der Tage in der Schule gefeiert, in denen die Schülerinnen und Schüler verkleidet kommen dürfen, besteht die Chance, daß sie daran aktiv teilnehmen.
Im Thema »Maskerade« fließen zwei Ebenen zusammen: das eine ist das Verkleiden, das In-eine-andere-Rolle-Schlüpfen. Hier kann etwas gelebt werden, das sonst nur wenig Raum hat. Hier dominiert die pure Freude, der Spaß am Spiel. Das andere ist die »Maske« des Verstellens. Hier zeigen wir, wie wir auf andere wirken wollen und wirken. Nicht selten steht diese Wirkung nicht im Einklang mit dem, wie wir uns wirklich fühlen. Dahinter steckt die Frage: Wer bin ich wirklich? Wie bin ich wirklich? – also die Frage nach meiner Identität, die auch den Selbstzweifel kennt. Hintergrund für dieses Thema im Gottesdienst ist die biblische Aussage: So darf ich sein vor Gott. Er mag mich in meiner Fröhlichkeit, er nimmt mich auch an mit meiner Zwiespältigkeit, meinen Fragen.

GESTALTUNGSELEMENTE

Anspiel

Fünft- und Sechstklässler haben in der Regel Spaß an Spiel und Verkleidung. Auf den Gottesdienst hin kann mit ihnen erarbeitet werden, in welcher Rolle sie auftreten wollen und warum.
Im Gottesdienst treten die Schülerinnen und Schüler nacheinander in der Verkleidung ihrer Traumrolle auf und kommentieren ihre Darstellung kurz selbst.

Feine Dame (trippelt elegant herein):
>Schöne Kleider habe ich an, perfekt geschminkt bin ich. Ich allein bestimme, was ich den ganzen Tag mache. – Und alle drehen sich nach mir um und beneiden mich. *(Zückt einen Handspiegel und zieht die Lippen nach.)*

Clown (schlägt Rädchen):
>Ich mache am liebsten den ganzen Tag Quatsch, ärgere andere *(bläst in eine Blechtrompete)* und bringe sie zum Lachen *(macht eine lange Nase)*.

Batman (kommt mit einem großen Sprung):
>Meiner Kraft kann keiner widerstehen – ich siege immer! *(Zeigt seine Muskeln)*

Frankenstein (stapft herein):
>Ich sehe schrecklich aus. Alle haben Angst vor mir, verschwinden schnell oder winseln um Gnade. *(Lacht dumpf)*

Penner (schlurft herein):
>Mir ist alles egal, Hauptsache ich hab was zum Trinken *(nimmt einen Schluck)*. Mich juckt es nicht mehr, was die anderen von mir denken *(kratzt sich ausgiebig)*.

Punkerin (kommt mit Kuschelmaus/Ratte auf der Schulter):
>Ich fühl mich echt cool. So spießig wie ihr will ich nicht sein. Ich falle auf, ich bin was Besonderes.

Predigtspiel

Mittelstufenschülerinnen und -schüler haben nicht so viel Freude am Verkleiden. Hier steht die Frage »Wer bin ich?« im Mittelpunkt und die Frage nach Schein und Wirklichkeit. Folgender Monolog kann mit mehreren Schülern und Schülerinnen wirkungsvoll dargestellt werden. Jede Aussage bekommt einen Darsteller oder eine Darstellerin. Zu Beginn des Monologs stellen sich alle mit dem Rücken zur Gemeinde auf und drehen sich erst bei ihrem Stichwort um. Das stellen sie pantomimisch dar und »frieren« das Gesicht dann »ein«.

Hey Leute! Ihr kennt mich bestimmt: Ich laufe hier in der Schule rum, bin aber auch in den Straßen und Häusern unserer Stadt zu finden. Eigentlich könntest aber auch du *(zeigt auf jemanden)* oder du *(zeigt wieder auf jemanden)* oder irgendeiner unserer Stadt hier oben stehen: männlich oder weiblich, jung oder alt, dick oder dünn, klug oder weniger klug – etwas haben wir gemeinsam: Wir zeigen nicht immer unser wahres Gesicht *(Maske vorhalten)*. Nicht jede und jeder darf sehen, wie wir wirklich sind:

- Ich habe ein Lachen im Gesicht *(Maske vor)*. »Leute, mir geht's bestens, alles o. k.« *(Maske ab)* Dabei gab's die zweite Fünf in Mathe und meine Freundin war mit einem andern weg. *(Ernstes Gesicht, Kopf und Schultern hängen lassen.)*

- Einer will was von mir. Höflich wie ich bin, sage ich *(Maske vor)*: Klar hab ich jetzt Zeit. *(Maske ab)* Dabei sitz ich auf Kohlen, weil ich noch viel zu erledigen habe. *(Berührt die Armbanduhr, wippt auf den Fersen, verzieht ungehalten das Gesicht.)*

- Jemand sprach mich auf eine Verletzung an. *(Maske vor)* Da hab ich einen blöden Witz gerissen. *(Maske ab)* Aber eigentlich hab ich ernsthaft Angst, das wird nicht mehr wie früher. *(Verschränkt die Arme und bedeckt mit einer Hand die Augen.)*

- »Komm doch mit« sagte einer von 'ner Clique. *(Maske vor)* »Nö, hab keine Zeit«, hab ich gesagt. Die hab ich doch nicht nötig. Sollen sie ruhig denken, ich hätte was besseres zu tun. *(Maske ab)* Und jetzt hock ich alleine rum. *(Däumchen drehen und in die Luft stieren.)*

- *(Maske auf)* Meinem Freund hab ich gestern ein wütendes »Mach doch, was du willst« hinterhergebrüllt. *(Maske ab)* Aber eigentlich war ich sehr verletzt, weil er meine Vorschläge nicht ernstgenommen hat. *(Trauriges Gesicht, Schultern hängen lassen.)*

Und wißt ihr, was das Problem bei der ganzen Sache ist? Manchmal weiß ich – oder weißt du oder du daneben *(Fingerzeig)* – nicht einmal selbst mehr, wie es hinter der Maske aussieht ...

SCHRIFTTEXT

Ps 139   Der Mensch vor dem allwissenden Gott

GEBET

Gott,
du kennst mich.
Vielleicht besser als ich mich selbst kenne.
Du schaust hinter die Fassaden –
nicht wie einer der verletzen, beschämen möchte.
Du schaust mich an, suchst *mich*,
wie einen verborgenen Edelstein:
Dir bin ich kostbar in meiner Einzigartigkeit,
mit meiner Freude und meiner Traurigkeit,
meiner Wut und meiner Ohnmacht,
meinen Fähigkeiten und meinen Grenzen.
Wie das Licht einen Edelstein strahlend umfängt,
so will mich deine Liebe umhüllen.
Vor dir darf ich sein, wie ich bin.
Dafür danke ich.
Und ich bitte: Schenke mir immer wieder Menschen,
die zu mir und allem, was zu mir gehört, ja sagen können.
Und: Mach mein Herz weit!
Laß es in anderen Menschen den verborgenen Edelstein erspüren.
Amen.

LIEDVORSCHLÄGE

Tr 132	»Entdeck bei mir«
Tr 333	»Wir tragen viele Masken«
EH 162	»Wo Menschen sich vergessen«
EH 16	»Ich lobe meinen Gott«
GL 165	»Sag ja zu mir«

Susanne Hepp-Kottmann

»We are the champions, no time for loosers?«

THEMA

Dieser Schülergottesdienst nimmt das Lebensgefühl der Freude und Begeisterung auf, von dem Jugendliche oft bestimmt sind. Viele gehen gerne in Discos und organisieren Parties. Sie wollen etwas erleben und aus sich herausgehen. Daß Begeisterung und Freude auch zum Christsein gehört, das findet sich besonders in der Pfingstgeschichte beschrieben, in der erzählt wird, daß die Jüngerinnen und Jünger »Feuer und Flamme« sind. In diesem Gottesdienst soll auch auf die Gefahr hingewiesen werden, daß Jugendliche bei aller Freude nicht überheblich werden und andere, denen es schlechter geht, übersehen. Als wichtiges Gestaltungselemente dieses Gottesdienstes wurde ein RAP gedichtet. Er bezieht sich im ersten Teil auf die sportlichen Erfolge deutscher Fußballmannschaften 1997. Dieser Teil des Sprechgesangs muß auf neue Situationen hin entsprechend umgedichtet werden.

GESTALTUNGSELEMENTE

Anspiel: RAP »We are the champions ...«

Der RAP ist für drei Sänger konzipiert. Ideal wäre eine entsprechende musikalische Begleitung mit einer (kleinen) Band, die auch vor dem RAP und zwischendrin jeweils kurz das Lied »We are the champions« von Freddy Mercury anspielt.

A: Hey, hallo, hallo! Alles klar?

B: Alles klar! Bei mir läuft alles ganz wunderbar.

B: Es freut mich für dich, daß es dir so gut geht.
   Erzähl mir doch mal, wie es um dich steht!

B: Ja, weißt du denn nicht, ich bin echt gut drauf.
   Der VfB war gestern ganz oben auf.

Die haben den Pokal gewonnen, war das 'n Spiel.
Nun sind sie oben, am ganz großen Ziel!
Hey, und wir hab'n ein draufgemacht,
gejubelt, gefeiert, gesungen und gelacht.
Die Stimmung war am Siedepunkt, war das 'n Ding.
Und auch heute noch bin ich voller Swing.
Ich könnt die Welt umarmen und alle küssen.
Ja, wir sind oben und alle andern müssen
sich vor uns in acht nehmen, dem großen VfB!
Ja, wie ist das wunder-wunderschöh'.
Und überhaupt, wir Deutschen sind derzeit Spitze,
alle andern Gegner krieg'n eins auf die Mütze.
Der BVB gewann den Champions Cup,
die Turiner sahen alt aus wie ein nasser Sack.
Und auch Schalke gelang das große Ding.
Im UEFA-Pokal war'n die Bälle beim Gegner drin.
Ja, we are the champions, ich bin echt gut drauf,
denn im Fußball sind wir derzeit ganz oben auf.

(Zwischenspiel: We are the champions ...)

A: Hey, hallo, hallo! Alles klar?

C: Alles klar! Bei mir läuft alles ganz wunderbar.

A: Es freut mich für dich, daß es dir so gut geht.
Erzähl mir doch mal, wie es um dich steht!

C: Ja, weißt du, ich schweb' grad auf Wolke sieben,
hab ich doch 'n Ausbildungsplatz gekriegt.
Der Meister sagt, ich könnt nach der Schule anfangen.
Du kannst dir vorstellen: Bin nun befreit vom Bangen.
Da fällt mir echt ein Stein vom Herzen,
jetzt leb ich auf, ganz ohne Schmerzen!
Hab gejubelt, gefeiert und gelacht.
Seitdem fühl ich in mir die ganz große Macht.
Ich könnt die Welt umarmen und alle küssen.
Ich hab's geschafft und alle andern müssen
noch weiter schwitzen und sich um die Zukunft sorgen
und ich leb befreit nun ab jenem Morgen.
Die Schule werd' ich schon hinter mich bringen,
zum Lernen muß ich mich noch etwas zwingen.

Aber es wird schon klappen, bin ganz zuversichtlich.
Es reicht mir der Abschluß, wie ist nicht so wichtig.
Natürlich werd' ich noch einmal alles geben,
aber den Ausbildungsplatz, den hab' ich eben.
Ja, we are the champions, ich bin echt gut drauf,
denn derzeit bin ich ganz oben auf!

(Zwischenspiel: We are the champions ...)

B: Hey, hallo, hallo! Alles klar?
   Läuft es auch bei dir ganz wunderbar?

A: Es freut mich für euch, daß es euch so gut geht,
   wenn es auch um mich gar nicht gut steht.

C: Hey, was los, mach dir doch mal Luft,
   laß dich nicht so hängen, erzähl mir deinen Frust.

A: Ich hatte eine Freundin, sie bedeutet viel für mich,
   doch als ich sie brauchte, ließ sie mich im Stich.
   Hat ziemlich lang gedauert, ich schluckte es dann doch.
   Leider muß ich sagen, sie fehlt mir immer noch.

C: Ist es die da, die hier vorne sitzt,
   oder die da, die in dem dicken Pulli schwitzt,
   ist es die da, die immer freundlich lacht, ist es die da?

A: Nein, wenn ich sie brauche, ist sie nie da.
   Ich war echt auch gut drauf so wie ihr.
   War verliebt und fröhlich, das könnt ihr glauben mir.
   Doch dann kam ein and'rer und spannte sie mir aus.
   Seitdem geht's mir übel, was für ein Graus!
   Ich bin fertig mit der Welt, hab auf gar nichts Lust,
   in mir spür ich 'nen riesengroßen Frust.
   Also laßt mich in Ruhe, hab auf gar nichts Bock,
   es war für mich einfach ein zu großer Schock.
   Ja, ich hat 'ne Freundin, sie bedeutet viel für mich,
   doch als ich sie brauchte, ließ sie mich im Stich.
   Hat ziemlich lang gedauert, ich schluckte es dann doch.
   Leider muß ich sagen, sie fehlt mir immer noch.

B: Ist es die da, die hier vorne sitzt,
   oder die da, die in dem dicken Pulli schwitzt,

ist es die da, die immer freundlich lacht, ist es die da?

A: Nein, wenn ich sie brauche, ist sie nie da.

Ansprache

»We are the champions« so fühlen wir uns manchmal und vielleicht etliche von euch gerade auch heute. Hoffentlich können wir das noch, uns von ganzem Herzen freuen, jubilieren und glücklich sein, denn es gibt doch viele Gründe dafür. Wir brauchen nur die Augen zu öffnen für so viel Erfreuliches in unserem Leben.

»We are the champions«, so ähnlich müssen sich auch die Jünger damals an Pfingsten gefühlt haben. Sie waren »Feuer und Flamme«, da war eine ausgelassene Stimmung, riesige Freude, ein Jubeln und ein Brausen, Tanzen und Lachen. Etliche Leute, die das damals miterlebt haben, konnten sich das nur so erklären, daß sie annahmen: »Die sind betrunken. Sie sind voll des süßen Weines.«

Von ganzem Herzen freuen, hoffentlich können wir das noch. Es gibt, trotz aller dunklen Seiten in unserem Leben, genügend Gründe dafür. Der tiefste Grund aller Freude liegt darin, daß Christus der champion, der Sieger ist. Nach seiner Auferstehung wurde deutlich: Nicht der Tod und die dunklen Seiten unseres Lebens sind Sieger, sondern Christus. Und dieses Wissen schenkt Freude, Zuversicht und Hoffnung.

Es gibt aber eine Gefahr bei allem Jubel und aller Freude, und das ist, wenn man sich als Sieger fühlt, daß man überheblich wird und auf andere verächtlich schaut: »We are the champions, no time for loosers.« Dazu darf und soll es nicht führen, daß uns die Verlierer egal sind. Zu Jubel und Freude haben wir allen Grund, aber die rote Karte muß dann gezeigt werden, wenn sich die Freude mit Überheblichkeit, Spott und Hohn verbindet.

Zu den Loosern der Gesellschaft hat sich Jesus besonders bekannt, sie waren ihm wichtig. Und wir wissen, wie schnell wir auch selber auf der Seite der Verlierer stehen können. Deshalb, freut euch von Herzen, immer wieder, wir haben allen Grund dazu, aber ohne die Looser zu vergessen und verächtlich zu werden, sondern am besten so, daß wir sie teilhaben lassen an unserer Freude.

SCHRIFTTEXT

Apg 2,1–13   Das Pfingstereignis

GEBET

Herr, unser Gott,
wir danken dir, daß wir uns immer wieder als die Champions
fühlen können, als die Sieger.
Es ist schön, daß es viel Grund zur Freude gibt,
in der Freizeit, unter Freunden, auch in der Schule.
Herr, du bist der größte Sieger,
der Sieger über den Tod und alle dunklen Mächte.
Dich loben und preisen wir.
Herr, hilf uns, die nicht zu vergessen,
die zu den Verlierern zählen, denen es schlechtgeht.
Wir zählen ja manchmal selbst dazu.
Dir befehlen wir sie alle an.
Wir beten gemeinsam: Vater unser ...

LIEDVORSCHLÄGE

LfJ 307   »Laudato si«

LfJ 344   »Ein Licht geht uns auf«

Tr 116   »Einer hat uns angesteckt«

Tobias Schart

Die Liebe ist stärker als der Tod

Zu James Camerons Film »Titanic«

THEMA

»... und daß er mich gerettet hat – in jeder Weise wie nur ein Mensch von einem anderen gerettet werden kann.«
Diese Aussage über Jack Dawson (= Leonardo di Caprio) ist das persönliche Fazit der greisen Rose (Gloria Stuart), nachdem sie das Erlebnis Titanic vor ihrem geistigen Auge noch einmal Revue passieren ließ. Für die fiktive Überlebende von damals bleibt über 84 Jahre nach der Katastrophe dieses Schiffsunglücks, die (im Laufe der Zeit) zum Paradigma menschlicher Hybris und der Grenzen menschlich-technischer Machbarkeit geworden ist, die unbesiegbare Kraft ihrer Liebe übrig. Der junge Künstler-Abenteurer aus der 3. Klasse hat ihr Leben verändert. Seine echte und unbekümmerte Liebe hat Rose (= Kate Winslet) nicht nur geholfen, die Welt mit neuen Augen zu sehen. Mit seiner Hilfe gelang es ihr – endlich! – aus dem goldenen Gefängnis ihrer Verlobung mit dem steinreichen Cal Hockley (= Billy Zane) und dem von ihrer Mutter Ruth (= Frances Fisher) aufgezwungenen Standesbewußtsein auszubrechen.
Bei aller Deutlichkeit in der Darstellung des furchtbaren Untergangs der Titanic, die an Realismus und Detailtreue der filmischen Mittel kaum zu übertreffen ist, steht letztlich nicht – wie in den früheren Verfilmungen des Themas – der furchtbare Untergang im Mittelpunkt. Vielmehr dient die Titanic – jenes Symbol von Größe, Geschwindigkeit, Luxus und grenzenloser menschlicher Freiheit, ein moderner babylonischer (Turmbau-) Sündenfall – dazu, an den Zuschauer die Existenzfrage nach seinen wahren Bedürfnissen zu richten: Was trägt wirklich in meinem Leben? Woraus schöpfe ich Kraft? Worauf kann ich mich verlassen? Gibt es Menschen, die an mir Interesse haben und meinem Leben einen Sinn geben?
Nicht die Beschreibung des Sterbens, gar die Faszination des (Massen-)Todes steht in Camerons Film im Vordergrund, son-

dern die Macht der Liebe, die den Tod überwinden kann. Der Schluß des Filmes läßt daran keinen Zweifel: Die inzwischen steinalte Verliebte vom April 1912 lebte all die Jahre aus der unzerstörbaren Verbindung mit dem Menschen, der sie seinerzeit gerettet, erlöst hat. Er starb in der Kälte des Atlantischen Ozeans, seine Hand in der ihren, aber die Liebe nahm er nicht mit in sein eisiges Grab. Nun, an der Schwelle zum eigenen Tod, träumt Rose zurück, sie stirbt voraus – und begegnet dort, neben all den anderen Toten des Ozeanriesen, ihrem Jack. Die Liebe ist stärker als der Tod. Mit ihrem Kuß endet der Film.

Kein Film in den vergangenen Jahren hat wie dieser eine Faszination auf Menschen unterschiedlicher Altersgruppen ausgeübt – ausdrücklich auch auf junge Leute. Denn trotz seiner Sentimentalität und zuweilen kitschig-oberflächlichen Präsentation gelingt es dem Film, das Ideal/die Idee einer wahren Liebe jenseits äußerer Determination in den Mittelpunkt zu stellen. Und zwar auf eine Art und Weise, die das Lebensgefühl (von Schülern) unmittelbar anzusprechen vermag und sie zum Nachdenken über eigene Wertmaßstäbe und Lebensprinzipien anregt.

Die Theo-Logik für den Gottesdienst könnte darin bestehen, eine Korrespondenz aufzuzeigen zwischen den Erfahrungen und Sehnsüchten der Schüler und einem Gottesglauben, dessen Liebe zu den Menschen bis ans Kreuz führt. Denn dort bewahrheitet sich für den Christen auf unüberbietbare Weise das Geheimnis des Glaubens: daß die Liebe stärker ist als der Tod.

GESTALTUNGSELEMENTE

Schreibmeditation

Benötigt wird dazu ein großes weißes Poster und eine der Teilnehmerzahl des Gottesdienstes entsprechende Menge von Stiften. In der Mitte des Posters steht der eingangs genannte Satz, mit dem Rose ihre Erinnerung an die Titanic zusammenfaßt:

» ... und daß er mich gerettet hat – in jeder Weise wie nur ein Mensch von einem anderen gerettet werden kann.«

Die Teilnehmer werden aufgefordert, über diesen Satz nachzusinnen und anhand folgender Leitfrage ihre Gedanken auf dem Poster schriftlich festzuhalten:

Was bedeutet das: einem anderen das Leben retten?

Nach etwa fünf bis zehn Minuten werden alle aufgefordert, sich das Ergebnis anzusehen. Auf diesem Wege wird der christlich sehr bedeutsame Begriff »Rettung« von der Ebene verbaler Abstraktion in die konkrete Erfahrungswelt der Schüler geholt, und es entsteht ein Spektrum »realistischer Möglichkeiten«, die allesamt einen Wert haben.

Bildmeditation

Mit folgendem Text kann das Bild »der zwei Liebenden an der Reling« betrachtet werden. Das Bild befindet sich beispielsweise innen in der CD »Music from the motion picture TITANIC«.

Wie weit reichen die Hände
des Liebenden,
wenn der geliebte Andere
am Tor des Todes steht
und weggeht?

Liebe geht immer davon aus,
daß das Wort ein Ohr findet,
auch wenn keine Antwort mehr ist.

Sie geht davon aus,
daß die Hand eine Hand fühlt,
auch wenn sie nichts mehr zeigt.

Liebe spricht weiter das Wort der Nähe,
der Hoffnung und der bleibenden Liebe.

Und sie dankt weiter, leise,
in das Ohr, das nicht mehr zu hören scheint.

Den gnädigen Tod
schenkt Gott allein.
Aber Liebende können sehr viel tun,
daß der Tod gnädig sei.

...

Gott ist die Liebe,
und wer in der Liebe bleibt,
der bleibt in Gott und Gott in ihm.

Wer ist Gott?
Kein Gedanke ersteigt ihn,
keine Ausdauer wird ihn erreichen,
kein Tiefsinn ihn ergründen.
Wer sich zur Liebe aufrichtet,
reicht hinauf zu Gott.
Wer sich in der Liebe beugt,
ergründet seine Tiefe.
Wer in der Liebe seine Wege geht,
schreitet ihn aus.

...

Ist Gott die Liebe,
so ist der Liebende sein Bild,
aus ihm auf ihn hin,
ihm gegenüber.
Frei in seiner Hinwendung zu dem,
den er liebt.
Nichts ist gut außer Gott –
sagt Jesus.
Und nichts im Menschen als seine Liebe.

Die Liebenden tun dies und versuchen jenes
und wissen, daß das Geringe,
da und dort in aller Einfachheit getan,
die Welt vom Tode zum Leben bringt.
Wenn durch sie ein wenig Licht
in die Welt kam,
haben sie teil an dem, was bleibt.

Nicht daran werden sie gemessen,
daß sie strahlende Boten
aus Gottes Licht sind.
Vielleicht bleibt am Ende auch
von den Bemühungen der Liebenden
nichts übrig
als eine Handvoll Scherben.
Ein paar Scherben,
in denen sich ein paar Lichter spiegeln.
Aber dies, eine Scherbe zu sein,
in der sich ein wenig vom Glanz Gottes spiegelt,

das ist am Ende die einzige Ganzheit,
die uns erreichbar ist.
Und das soll genug sein.

(Jörg Zink)

Musik zur Meditation

Celine Dion, »My heart will go on« (love theme from Titanic)
(Text: Will Jenings, Musik: James Horner, gesungen von: Celine Dion)

SCHRIFTTEXT

1 Joh 4,7–12.16b–21   Die Vollendung des Glaubens in der Liebe

FÜRBITTEN

Jeden Tag sind wir mit dem Tod konfrontiert, oft unsichtbar und schleichend, so daß wir dies zuweilen kaum noch bemerken. Gott aber will das Leben stärken in unserer Welt. Deshalb bitten wir ihn:

- Für die Verliebten: daß sie in ihrer Zuneigung ein Geschenk Gottes entdecken und mit ihrer Treue zueinander ein Gegengewicht zu Egoismus und Neid setzen.
- Für Wissenschaftler und Forscher, für die Lehrer der Naturwissenschaft und Technik: daß sie ihr eigenes Können nicht absolut setzen, sondern die Grenzen des menschlichen Verstandes erkennen.
- Für Zweifler und Skeptiker: daß es ihnen gelingt, in der Liebe von Menschen das Gesicht und den Willen Gottes zu entdecken.
- Für jene, die den Tod eines geliebten Menschen betrauern: daß sie auf die Macht der Liebe über den Tod vertrauen.
- Für uns alle: daß wir der Verherrlichung des Todes entgegenwirken, überall wo er uns begegnet – bei Gewalttätigkeiten in der Schule, in grausamen Videofilmen und Computerspielen.

Du, Herr, bist ein Gott der Lebenden und nicht der Toten. Stärke in uns die Kraft der Liebe, damit wir das Angesicht der Erde verändern – zum Guten hin. Amen.

SEGENSGEBET

Gesegnet die verborgene Liebe, die durstig macht nach Leben.
Gesegnet der Mensch, der seinen Freund nicht verleugnet.
Gesegnet die Offenherzigen, die andere trösten und weiterhelfen.
Gesegnet die Alten für die Jungen, die Starken für die Schwachen.
Gesegnet der Kluge, der Gut und Böse unterscheiden kann.
Gesegnet der Furchtlose, der vor keiner Macht, vor keinem Menschen zurückweicht.
Gesegnet der neue Mensch, der alles liebhat, was lebt.
Gesegnet Jesus, der sich für uns hingegeben hat, der in uns spricht und lebt.
Gesegnet alle, die geläutert sind und gegen den Tod Licht in diese Welt bringen.

LIEDVORSCHLÄGE

GL 183	»Wer leben will wie Gott auf dieser Erde«
GL 620	»Das Weizenkorn muß sterben«
EH 69	»Ubi caritas et amor«
EH 73	»Liebe ist nur ein Wort«
EH 110	»Bewahre uns, Gott«

Thomas Steiger

Manchmal feiern wir

Besondere gottesdienstliche Formen

Anstöße

Ein meditativer Gang durch die Kirche

THEMA

Am Ende der Unterrichtseinheit »Kirchenarchitektur – steingewordener Glaube« in der Jahrgangsstufe 10 sollte dieser meditative Gang eine neue Kirchenerfahrung ermöglichen und den persönlichen Bezug zur Pfarrkirche (Gebäude und Gemeinde) vertiefen.
Wie die Erfahrung zeigt, beurteilen die Schülerinnen und Schüler dieser Jahrgangsstufe die Kirche als Institution sehr negativ. Dabei haben viele kaum noch konkrete Erfahrungen mit Gemeindeleben, von aktivem Mittun ganz zu schweigen. Mir scheint es wichtig, daß die Jugendlichen einerseits das eigene Verhalten in bezug auf Kirche wahrnehmen und kritisch beleuchten, andererseits aber auch sich öffnen für neue Beziehungsaufnahmen. Der teils ungewohnte Blickwinkel soll neugierig machen und zum Nachdenken anregen.
Beim Betreten der Kirche wurde den Schülerinnen und Schülern gesagt, sie möchten sich an einen Platz ihrer Wahl setzen. Erwartungsgemäß fand sich die ganze Gruppe dichtgedrängt in den hinteren Bänken wieder.

GESTALTUNGSELEMENT

Meditativer Gang durch die Kirche

In den Bänken

Schauen wir uns an, wo wir sind; betrachten wir unseren Standort!
Wir sitzen (ganz hinten) in der Kirche;
wir sitzen in den Bänken.
Besonders komfortabel sind sie nicht, die Bänke,
aber stabil, unumstößlich, unverrückbar.

So hat denn alles seine Ordnung.
Und wir haben uns eingefügt, so gut es geht.
Unser Blick geht nach vorne.
Daß wir unsere Nachbarn kaum wahrnehmen,
fällt uns nicht weiter auf.
Wir haben uns daran gewöhnt,
still zu sitzen und still zu sein –
manchmal kriegen wir nicht mal beim Singen den Mund auf.
Wir hören auf das, was von oben kommt, oder auch nicht.
Wir lassen uns berieseln oder schalten auch ab.
Ist das nicht schön bequem, so in der Bank zu sitzen
und zu sehen, was da geboten wird?
Und eigene Gedanken oder gar Kritik
waren in der Kirche doch noch nie erwünscht, oder?

Unser Alltag ist da übrigens auch nicht besser:
Alles festgelegt, in eine feste Ordnung gezwängt,
wenig wirkliche Kontakte,
kaum Bewegungsmöglichkeiten,
Berieselung von allen Seiten,
kaum Platz für eigene Gedanken ...

Laßt uns miteinander aufbrechen!
Suchen wir einen Weg durch unsere Kirche,
der uns Anstöße gibt,
der uns neue Perspektiven aufzeigt
und Lebensmöglichkeiten eröffnet!

Vor der Marienkapelle, die durch einen Vorhang abgetrennt werden kann

Manchmal brauchen wir einen geschützten Raum,
eine Rückzugsmöglichkeit für uns.
Gut, wenn es dann einen Vorhang gibt,
den man zuziehen kann.
Er schirmt ab, schützt vor neugierigen Blicken –
läßt aber Licht und Stimmen abgeschwächt durchdringen.

Manchmal fällt es uns schwer,
anderen einen solchen geschützten Raum zuzugestehen.
Wie oft zerren wir Fehler der anderen
in die öffentliche Diskussion

und zerreißen uns das Maul
über die Schwächen unserer Mitmenschen.

Manchmal ziehen wir auch einfach »unsere Vorhänge« zu,
damit wir die Hilferufe unserer Nächsten nicht hören,
ihre Nöte nicht sehen müssen, nach dem Motto:
Was ich nicht weiß, macht mich nicht heiß.
Natürlich können wir nicht alle Probleme lösen,
denen wir tagtäglich begegnen,
aber – Hand aufs Herz! –
ziehen wir uns nicht doch bisweilen etwas schnell zurück,
wo wir eigentlich gebraucht würden?

Vor einer Wand

Hier müssen wir die Richtung ändern,
sonst laufen wir an die Wand –
und das tut meistens ganz schön weh.
Manchmal wollen wir trotzdem mit den Kopf durch die Wand –
wir sehen die undurchdringliche Mauer wohl –
können sie aber irgendwie nicht akzeptieren,
und rennen dann – trotz besseren Wissens –
immer wieder gegen die Wand an und holen uns Beulen.
Warum nur?

Vielleicht wäre es hilfreich,
einige Schritte zurückzugehen:
vielleicht entdeckt man dabei, daß diese Mauer
an anderer Stelle Fenster und Türen hat,
die Durchblick und Durchgang erlauben –
und zwar ohne Schwierigkeiten!
Damit hat diese Wand ihre Schrecken
als unpassierbare Grenze verloren.

Vor einer Heiligenstatue an einer Säule

Die Heiligen haben uns mit ihrem Leben gezeigt,
was es heißt, Jesus nachzufolgen.
Aber hängen sie nicht ein bißchen hoch für uns?
Ist ihr Beispiel nicht unerreichbar für uns?

Müssen wir uns nicht ganz klein und schäbig fühlen,
wenn wir zu ihnen aufschauen?

In unserer Kirche gibt es eine Menge Heiliger.
Hier an den Säulen sehen sie sich ziemlich ähnlich,
aber ihre Lebensgeschichten
sind doch sehr unterschiedlich.
Viele der Lebenswege verliefen gar nicht so geradlinig,
wie es für uns nun scheint.
Manch ein Heiliger war ein Meister in der Umkehr.
Aber sie haben die Umkehr gewagt.
Jeder ist seinen eigenen Weg gegangen
und hat sein Ziel erreicht.

In dieser Hinsicht können sie uns Vorbild sein.
Unseren eigenen Weg finden –
und ihn dann auch gehen –
das kann uns niemand abnehmen,
das müssen wir schon selber tun.

Mitten im Kirchenraum mit einem guten Blick auf den Altar

Fast von jedem Standort aus kann man den Altar sehen.
Als erstes fällt das große Kreuz über dem Altar auf,
danach erst wandert der Blick weiter zum Altar selbst.
Das Kreuz erinnert an den Tod Jesu –
Er mußte sterben, weil er radikal für das Gute war.
Aber er hat den Tod überwunden,
deshalb ist das Kreuz für uns ein Hoffnungszeichen.
Der Altar lädt ein zur Mahlgemeinschaft
mit dem auferstandenen Jesus und miteinander.

Eigentlich sollten wir den Altar
nicht nur von weitem sehen,
sondern möglichst nah an ihn herankommen.
Aber braucht es nicht ziemlich viel Mut,
in der Kirche ganz vorne zu sein?
Und wer kann sich gar vorstellen,
im Altarbereich aktiv zu sein?
Als Meßdiener, als Lektor,
als Mitglied einer Schola oder des Chores?

Wo sehen wir unseren Platz in dieser, unserer Kirche?
Wer etwas bewegen will, muß sich seinen Platz suchen.

SCHRIFTTEXT

1 Kor 12,12–31   Der eine Leib und die vielen Glieder

FÜRBITTEN

Jesus Christus, unser Bruder und Herr. Der Apostel Paulus sagt, daß wir als Kirche dein Leib sind. Wir sehen, daß wir dazu deine Hilfe brauchen. Darum bitten wir dich:

- Schenk uns Mut, uns mit unseren Fähigkeiten und Stärken in die Gemeinde einzubringen.
- Sende deinen Geist in unsere Gemeinden, der ihnen hilft, sich immer wieder neu auf den Weg als Kirche zu machen und Festgefahrenes hinter sich zu lassen.
- Hilf uns, wenn wir »an eine Wand« gelaufen sind und laß uns Türen und Fenster finden.
- Steck Menschen an mit deiner Begeisterung, die uns mitreißen und Vorbild sein können.
- Hilf uns, einen Platz in deiner Kirche zu finden, an dem wir uns wohlfühlen und entfalten können.

Du läßt uns nicht allein bei unserem Bemühen, Kirche zu sein. Dafür danken wir dir, Jesus unser Herr und Bruder. Amen.

LIEDVORSCHLÄGE

Tr 123	»Menschen auf dem Weg«
Tr 140	»Wenn das Brot, das wir teilen«
Tr 486	»Wir machen unsere Kirche jung«
Tr 187	»Du Herr gabst uns dein festes Wort«

Hedwig Fischer

Auf, werde licht!

Frühschicht im Advent

THEMA

In dieser adventlichen Frühschicht steht der innere Weg der Stille im Mittelpunkt. Mit einer einzelnen Klasse, die über Mandalas malen und andere Übungen des Stillwerdens vorbereitet ist, wird eine Adventsspirale begangen. Am Licht in der Mitte der Spirale zünden die Schüler und Schülerinnen ihre Kerze an und tragen sie brennend aus der Spirale heraus.
Es ist bewußt eine ritualisierte Form gewählt, in der nicht die aktive Mitgestaltung der Schüler und Schülerinnen im Vordergrund steht. Ein fester Ablauf ist vorgegeben, den die Schüler und Schülerinnen tätig »ab-laufen« und dabei einen inneren Weg gehen können. Voraussetzung ist, daß die Klasse an Stilleübungen gewöhnt ist.
Die Spirale ist ein altes Symbol für Erneuerung aus der Mitte. Der Weg in die Mitte führt in die Dunkelheit. Im Zentrum ist Wandlung möglich und eine Wendung notwendig, um den Weg wieder hinaus ans Licht gehen zu können.
So steht der Weg in die Spirale hinein für den inneren Weg zur Mitte, zu sich selbst, zur spirituellen Quelle, aus der ich Kraft schöpfen und mich wandeln lassen kann für den Weg hinaus in den Alltag. Adventlich lädt die Spirale ein, den Weg zum menschgewordenen Gottessohn zu gehen und das Licht der Erlösung zu empfangen. Dabei ist es nicht zufällig, daß die eigene Mitte und die Mitte, die Christus darstellt, in eins fallen.

GESTALTUNGSELEMENTE

Raumgestaltung

Wichtig ist die Gestaltung des Raumes. Das kann mit den Schülern und Schülerinnen am Tag vorher zusammen geschehen. Der Raum muß weitgehend leergeräumt sein und einen weiten Stuhlkreis ermöglichen. In den freien Raum wird aus Tannenzweigen eine Spirale gelegt, die breit genug ist, daß sie begangen werden kann. In der Mitte stehen eine Kerze und eine Rose. Am Eingang der Spirale kann eine Lilie zum Hineingehen einladen. Für jeden Schüler und jede Schülerin ist eine Kerze vorbereitet. Eventuell kann diese im Unterricht mit Wachs verziert worden sein. In unserem Gottesdienst hatten die Fünftklässler »Apfelkerzen«, die sie leichter halten konnten, d. h. einen Apfel, in den mit Hilfe eines Apfelstechers eine Kerze und ein Tannenzweig gesteckt wurde.

Einladende Besinnung

Vor uns liegt ein Weg aus Tannenzweigen. Ein Eingang lädt dazu ein, einzutreten. Tritt ein – und gehe deinen Weg. Geh einen Weg, der dich führt. Einen Weg aus der Gemeinschaft der anderen heraus – ganz für dich alleine. Einen Weg, der dich aus der Weite immer näher an die Mitte führt. Einen Weg in die Mitte zum Licht. Hier bist du angekommen: in deiner Mitte. In dieser Mitte brennt ein Licht. Es leuchtet für dich. Hier kannst du dein Licht entzünden. Geh deinen Weg weiter. Du mußt dich wenden. Der Weg führt dich. Er führt dich jetzt von innen nach außen. Aus der Mitte in die Weite. Aus deinem Zentrum zu den anderen. Das Licht leuchtet dir den Weg. Du hast ein Licht bekommen und bist selbst ein Licht geworden. Nimm es mit in deinen Alltag. Auf, werde licht!

Gehen der Spirale

Während adventliche Musik erklingt – am schönsten live von einigen wenigen Instrumenten gespielt – und adventliche Lieder gesungen werden, beginnt die Gottesdienstleiterin als erste mit ihrer Kerze den Spiralweg in die Mitte zu gehen, ihre Kerze dort zu entzünden und wieder herauszugehen. Mit der Kerze setzt sie sich an ihren Platz und stellt die Kerze vor sich auf den Boden. Die Schüler und Schülerinnen folgen der Reihe nach, bis alle den Weg der Spirale gegangen sind und ihre Kerze entzündet vor sich haben.

Gebetsgebärde

Licht vom Himmel	*Arme nach oben strecken und öffnen*
Licht in mir	*Arme vor der Brust verschränken*
Licht durch mich	*Arme nach vorne strecken, Handflächen nach oben öffnen*
auf Erden hier	*Arme zur Seite breiten*

SCHRIFTTEXTE

Jes 60,1   Auf, werde licht
Joh 1,9   Das wahre Licht kam in die Welt

GEBET

Du Gott, Mitte unseres Lebens,
wenn wir zerstreut sind – sammle du uns.
Wenn wir uns verloren haben – finde du uns.
Wenn wir Angst haben – ermutige uns.
Wenn wir uns abwenden – wende du dich uns zu.
Wenn es bei uns dunkel ist – entzünde du dein Licht.
Laß uns darauf vertrauen – heute, morgen, immer wieder neu.
Amen.

LIEDVORSCHLÄGE

EG 175	»Ausgang und Eingang« (Kanon)
Tr 148	»Mache dich auf und werde Licht«
GL 114	»Es kommt ein Schiff geladen«
GL 132	»Es ist ein Ros entsprungen«
	»Maria durch ein Dornwald ging«

Susanne Herzog

Steine

Bußgottesdienst

THEMA

Im Zentrum dieses Bußgottesdienstes steht Joh 8,1-11: Jesus und die Ehebrecherin. Eine Frau, die ihre Schuld nicht bestreitet, entgeht der damals üblichen Strafe, der Steinigung, weil Jesus sich für sie einsetzt. Er macht denjenigen, die die Sünderin steinigen wollen, klar, daß sie nicht das Recht dazu haben, weil auch sie nicht ohne Sünde sind. Am Ende bleibt der Eindruck, daß die »verhinderten Steinewerfer« die eigentlichen Sünder sind, während die Verurteilte freigesprochen wird und mit guten Vorsätzen ein neues Leben beginnt.

Der Bibeltext bildet die Klammer für eine Meditation über Steine, die je nach Eigenschaft und Einsatz verschiedenes Unheil bewirken können. Sie lenken hin auf Verfehlungen nach Art der Pharisäer und Schriftgelehrten in Joh 8,1-11. Die Meditation läßt einer entsprechenden »Gewissenserforschung« viel Raum.

Der Schluß des Evangeliums bezieht sich nicht mehr nur auf die Ehebrecherin, sondern auf alle, die bei ihrer Gewissenserforschung fündig geworden sind.

Vorbereitung

Unterschiedliche Steine werden vor den Altar gelegt. Für die guten Vorsätze nach der Absolution sollte ein Körbchen mit Stiften und steinförmig geschnittenen Zetteln in verschiedenen Grau- und Brauntönen bereitstehen.

GESTALTUNGSELEMENTE

Vor dem Altar liegen – für alle gut sichtbar – ganz unterschiedliche Steine. Einige von ihnen werden bei der Meditation von dem/der jeweiligen Sprecher/in in die Hand genommen, von allen Seiten gezeigt und dann zum Betasten in die Runde gegeben. Während der Stein wandert, sollte Meditationsmusik gespielt

werden. Erst wenn der Stein wieder am Altar liegt, wird der zugehörige Text vorgelesen.
Wichtig ist, daß für die Meditation genügend Zeit eingeplant ist.

Einleitung zum Evangelium

Hier vorne am Altar
liegen die verschiedensten Steine:
große und kleine, schwere und leichtere,
runde und kantige, graue und bunte,
glatte und rauhe, griffige
und solche mit scharfen Kanten und gefährlichen Spitzen.
Sie sollen uns heute zum Nachdenken anregen.
Doch bevor wir sie in die Hand nehmen,
um sie näher zu betrachten,
hören wir einen Text aus dem Johannesevangelium.

Evangelium

1. Teil: Joh 8,1–7 Jesus und die Ehebrecherin

Besinnung zum Evangelium

So einfach ist das also:
da wird eine Frau beim Ehebruch ertappt
– eindeutige Beweislage! –
und da gibt es das jüdische Gesetz
– das kennt jeder, sie auch! –
also muß sie gesteinigt werden!
Die Steinigung war nämlich damals
die übliche Hinrichtungsart
bei Verbrechen gegen Gott und die Religion.
Für uns kaum vorstellbar – aber Ehebruch von Frauen
gehörte zu diesen Verbrechen!
Die Todesstrafe wurde von der Gemeinde
verhängt und ausgeführt.
Dabei mußten bzw. durften
die Ankläger und die Hauptbelastungszeugen
den ersten Stein werfen;
dann kamen die anderen dran.

Meditation

1. Stein: (schwer, eckig, scharfkantig, kalt)

Der erste Stein wird aufgehoben und in die Runde gegeben.
Meditationsmusik

Mit solch einem Stein könnte ich
einen Menschen töten,
wenn ich ihn genau treffe.
Schwer genug ist er, und seine Kanten sind scharf.
Aber das würden wir doch niemals tun:
jemanden mit Steinen bewerfen,
das tun höchstens extremistische Chaoten!
Wir leben in einem zivilisierten Land;
hier ist die Todesstrafe längst abgeschafft!

Dafür werfen wir mit Worten.
Worte können wie Steine sein.
Sie können verletzen und erschlagen.
Und so setzen wir sie auch ein!

Wie oft werfen wir den anderen
dicke Brocken an den Kopf.
Massive Beschimpfungen
machen den anderen mundtot.
Üble Nachrede zerstört Zukunft,
nimmt dem einen vielleicht den Ausbildungsplatz,
dem anderen die Aufstiegsmöglichkeit im Beruf,
dem nächsten das Ansehen in der Nachbarschaft;
nicht umsonst spricht man von Rufmord!
Eine leicht dahingesagte Verdächtigung wirkt
wie eine Steinlawine,
die den Verdächtigten unter sich begräbt.

2. Stein: (klein und spitz)

Dieser Stein hier sieht nicht so aus,
als wenn er viel anrichten könnte,
wenn man ihn abkriegt.
Und doch kann er ganz schön verletzen,
wenn man ihn gezielt einsetzt,
weil er sehr spitz ist.

Auch das kennen wir!
Eine spitze Bemerkung,
ein spöttischer, abwertender Blick,
für Außenstehende kaum zu erkennen,
trifft den oder die Gemeinte oft ins Mark.
Eine Übertreibung, als Witz gedacht,
kann den anderen bloßstellen.
Das genüßliche Aufzeigen von Schwächen der anderen
kann ihr ohnehin schwaches Selbstbewußtsein
immer wieder verletzen.

3. Stein: (groß und rund)

Mit diesem Stein kann man wohl keine
blutenden Wunden verursachen,
so rund wie der ist.
Trotz seiner Größe und seines Gewichtes
läßt er sich leicht rollen,
vor allem da, wo es nach unten geht.
So eine Steinkugel könnte man ganz schnell
als gefährliche Waffe einsetzen.
Wer sie in den Weg gerollt bekommt,
kommt sicher ins Stolpern, wenn er sie übersieht.

Wem haben wir Steine in den Weg gelegt?
Oder waren wir selber Stein des Anstoßes,
an dem sich die anderen stießen,
über den sie stolperten und zu Boden gingen?
Oder haben wir andere vielleicht überrollt,
indem wir nur unsere Meinung gelten ließen,
indem wir unsere Ellenbogen einsetzten,
indem wir über Leichen gingen.

4. Stein: (herzförmig, griffig)

Dieser Stein fühlt sich nicht nur gut an,
er hat auch eine besondere Form:
fast wie ein Herz sieht er aus!

Wie sieht es mit unseren Herzen aus?
Sind sie nicht manchmal auch steinhart,
glatt und unverwundbar?
Die Not der anderen, rührt sie uns noch?

Oder denken wir lieber nur an uns?
Wem haben wir Steine anstelle von Brot gegeben,
Steine anstelle von Freundlichkeit,
Steine anstelle von Liebe,
Steine anstelle von Ermutigung?

5. *Stein: (vom Strand, mehrfarbig, abgeschliffen)*

Auch dieser Stein fühlt sich gut an.
Seine Ecken und Spitzen, die er sicher mal hatte,
sind in der Meeresbrandung abgeschliffen worden.
Im Gegensatz zu den meisten anderen
ein ausgesprochen schönes Exemplar.
Er liegt gut in der Hand
und lädt ein zum näheren Betrachten
der feinen Linien und Farbschattierungen.

Aber wenn er im Weg liegt,
wird er genauso zum Stolperstein
wie die grauen, häßlichen.
Vielleicht stößt man sich an ihm nicht blutig,
aber weil er so glatt ist,
kann man leicht auf ihm ausrutschen.

Auch Freundschaft und Fürsorge
– wenn sie übertrieben werden –
können solche kleinen Stolpersteine sein,
weil sie einengen und am Leben hindern.
Dabei sieht nach außen alles so gut aus!
Denn böse Worte gibt es ja nicht.

Wie gehen wir mit unseren Freunden um?
Pflastern wir unsere Beziehungen
auch mit solch schönen Steinen zu?
Oder erschlagen wir die,
die wir gerne mögen,
gar mit zuviel Aufmerksamkeit und Liebe?

Meditationsmusik

Evangelium

2. Teil: Joh 8,8–11 Jesus verurteilt die Ehebrecherin nicht

Bitte um Vergebung

Lied: »Meine engen Grenzen«

Absolution

Vorsätze

»Auch ich verurteile dich nicht.
Geh und sündige von jetzt an nicht mehr!«
Diese beiden Sätze könnte Jesus auch zu uns sprechen.
Im ersten sagt er uns
Verständnis und Vergebung für unsere Schuld zu.
Im zweiten fordert er uns auf,
aus unseren Fehlern zu lernen.
Und das traut Jesus uns auch zu!
Deshalb können wir Vorsätze fassen:

Wir wollen nicht mehr mit Steinen werfen!
Wir wollen niemandem mehr Steine in den Weg legen
oder selbst Stein des Anstoßes für andere sein!
Wir wollen vielmehr Steine aus den Weg räumen!

Wie das aussehen könnte,
schreiben wir auf diese »Steinzettel«,
die jetzt ausgeteilt werden.
Anschließend werden die beschriebenen Zettel
wieder in die Körbchen gelegt.
Einige der guten Vorsätze wollen wir dann vorlesen.
Wer möchte, nimmt zum Schluß einen »Papierstein« mit.

LIEDVORSCHLÄGE

GL 621	»Ich steh vor dir mit leeren Händen«
Tr 195	»Unfriede herrscht auf der Erde«
EH 147	»Meine engen Grenzen«
Tr 144	»Den Weg wollen wir gehen«

Hedwig Fischer

Gesegnet sei dieses Haus!

Segnungsgang durchs Schulhaus

THEMA

Die Einweihung eines Anbaus an der Schule brachte uns auf den Gedanken, diese »Weihung« der Schulerweiterung auch gottesdienstlich zu begehen. Während der Vorbereitung entstand das Bedürfnis, nicht nur die neuen Räume, sondern die ganze Schule zu segnen. Am Tag der Einweihung wurde im Schulhof ein Wortgottesdienst gefeiert, am Tag danach mit den Siebtklässlern ein Segnungsgang durch das ganze Schulhaus gemacht. Lehrer und Lehrerinnen wurden dazu eingeladen, auch die Rektorin hat teilgenommen. An für die Schüler und Schülerinnen wichtigen Stationen wurde innegehalten.

GESTALTUNGSELEMENT

Segnungsgang durchs Schulhaus

Vor der Eingangstüre

Die Klasse versammelt sich vor der Eingangstüre der Schule und beginnt den Segnungsgang mit dem Lied: »Ausgang und Eingang«.

Ausgang und Eingang ist diese Türe, jeden Tag für ein paar Hundert Menschen. Für euch Schüler und Schülerinnen, für eure Lehrer und Lehrerinnen, für Personal, Eltern, Besucher. Als Eingang öffnet sie ein großes Haus mit vielen Räumen, die euch mit viel Neuem täglich erwarten. Die Schwelle dieser Türe überschreitet ihr mit den unterschiedlichsten Gefühlen: mit Sorgen und Ängsten, mit Lust und Neugierde, mit Langeweile und Lustlosigkeit. Als Ausgang entläßt sie euch hinaus in eure Familien, in den Alltag, in eure Freizeit – und auch das geschieht mit verschiedenen Regungen: mal erschöpft, mal aufatmend, mal belastet.

Jeden Morgen tragen wir unsere Welt und was uns beschäftigt hinein in die Schule. Jeden Mittag gehen wir mit dem zurück, was wir in der Schule Neues erfahren haben. Diese Tür ist eine wichtige Verbindung, die uns Lernräume eröffnet und unseren Blick für die Weit verändert. Auf ihrer Schwelle kommen uns manche Gefühle.

Sprechspiel, von einigen Schülern und Schülerinnen und einer Lehrerin vorgetragen:

Schüler/in: Oft habe ich Herzklopfen, wenn ich hier durchgehe: Was kommt heute auf mich zu? Was kann ich wieder nicht? Wie ist meine letzte Arbeit ausgefallen? Habe ich genug gelernt? Und manches Mal würde ich am liebsten wieder umkehren.

Schüler/in: Ich freue mich meistens auf die Schule. Dann gehe ich gern durch diese Tür. Da treffe ich wieder meine Klassenkameraden und Freundinnen. Ich kann erzählen, was bei mir los war, und erfahre, was es bei ihnen neues gibt. Außerdem macht Lernen zusammen mehr Spaß.

Lehrer/in: Manchmal bin ich froh, wenn ich nachmittags diese Türe hinter mir zumache. Dann möchte ich den ganzen Trubel hinter mir lassen. Aber in Gedanken begleitet mich die Schule auch hinaus: Haben die Schüler meine Erklärungen verstanden? Wie kann ich ihnen vermitteln, was wichtig ist? Wie mag es dem einen Schüler mit seiner Fünf zu Hause ergehen? Oft wünsche ich mir auch in mir eine Schultür zum Zumachen.

Schüler/in: Ich bin froh, daß ich noch eine Weile durch diese Türe gehen kann. Hier kann ich weiterlernen, habe meinen Platz und muß mir noch nicht so schnell überlegen, bei welcher Arbeitsstelle ich an die Tür klopfen werde.

Segensgebet

Gott, Begleiter auf unseren Wegen,
segne diese Türe und alle Menschen,

die hier ein- und ausgehen.
Alle: Gesegnet sei dieses Haus.

Gott, segne diesen Eingang
und laß Schüler und Lehrer mit frohem Herzen eintreten.
Segne uns mit Lust und Freude am Lernen und Lehren.
Alle: Gesegnet sei dieses Haus.

Gott, segne diesen Ausgang,
und laß Schüler und Lehrer unbelastet hinausgehen.
Segne uns mit Liebe und Kraft, und stärke uns auch für unsere Schwächen.
Alle: Gesegnet sei dieses Haus.

Gott, segne diesen Übergang
mit Behutsamkeit und Entschlossenheit
und segne uns mit deiner bestärkenden Nähe.
Alle: Gesegnet sei dieses Haus.

Vor dem Lehrerzimmer

Lied: »Gehet nicht auf in den Sorgen dieser Welt«

Diese Türe steht nicht mehr allen offen. Da gibt es die, die einen Schlüssel haben, und die, die anklopfen müssen. Vor dieser Tür scheiden wir uns in Schüler und Lehrer, in Schülerinnen und Lehrerinnen. Manchmal ist diese Türe wie eine feste Trennungsmauer. Dann scheint es nichts Gemeinsames von Lehrern und Schülern zu geben. Manchmal ist sie wie eine offene Verbindung, wie ein Dreh- und Angelpunkt dafür, daß Schule eine gemeinsame Sache von Schülern und Schülerinnen und Lehrern und Lehrerinnen ist. Diese Türe hat zwei Seiten: eine Außenseite und eine Innenseite.

Schüler oder Schülerin stellt sich vor die Außenseite:

Die Tür ist zu. Manchmal verbunkern sich die Lehrer in ihrem heiligen Lehrerzimmer. Da darf auch keiner von uns einen Blick hineinwerfen. Ich habe das Gefühl, die wollen ganz gerne unter sich bleiben. Und dann reden sie von Zusammenarbeit zwischen Schülern und Lehrern. Das geht aber nur, wenn sie nicht nur den Lehrer raushängen. Wir müssen auch den Menschen dahinter spüren. Ich gebe ja zu, wir sind nicht immer sehr nett zu ihnen.

Manche lassen wir ganz schön hochgehen. Ob die auch Angst vor uns haben? Vor manchen haben wir schon Angst, auch vor deren Noten, die dann im Zeugnis stehen. Ob ich anklopfe und die Klassenlehrerin frage, ob sie mit uns mal darüber redet?

Lehrer oder Lehrerin an der Innenseite der Türe:

Hier drinnen ist schülerfreie Zone. Die einzige im ganzen Haus. Das brauche ich zwischendrin. Mal nicht dauernd gefragt werden, nicht angegriffen, nicht auf der Hut sein müssen vor irgendwelchem Schabernack. Ich brauche auch einen Schonraum zum Umschalten zwischen den Fächern und Klassen. Auch der Austausch und Kontakt zu den Kollegen und Kolleginnen ist mir hier wichtig. Das bringt uns auch als Schulgemeinschaft weiter. Und da gehören die Schüler und Schülerinnen auch dazu. Manchmal müssen wir das auch wieder gesagt kriegen.

Segensgebet
(an der offenen Lehrerzimmertüre)

Gottes Segen sei über uns wie ein weiter Regenbogen.
Er verbinde uns und unser Tun und
befruchte unsere Zusammenarbeit mit Sonne und Regen.
Sein Segen lasse eingehen unsere Ängste und
lasse treiben bunte Blüten fruchtbarer Zusammenarbeit.
Unter Gottes Regenbogen möge eine farbige Schulgemeinschaft heranwachsen, in der sich Lehrer wie Schüler, Lehrerinnen wie Schülerinnen aufrecht entfalten.
So komm, Segen Gottes, und laß uns zum Segen werden.
Alle: Gesegnet sei dieses Haus.

Vor den Werkräumen

Hier in den Werkräumen ist nicht nur der Kopf gefragt, hier dürfen die Hände handeln. Hier wird aus leblosem Material geschaffen, gestaltet, gewirkt und kunstvoll mit Leben gefüllt. Im Tun sind wir kreativ – schöpferisch, wie es übersetzt heißt –, so wie auch wir von Gott kreativ erschaffen wurden.

Werkraum-Rap – ein Rhythmussprechstück – alle klatschen im Takt dazu, die Sprecher sprechen im Rhythmus (was deutlich und akzentuiert geschehen muß):

Wir sind Schöpfer und schaffen los,
mit unseren Händen – ganz famos.
Gestalten und walten und wirken wir,
es ist uns gesagt, das könnt ihr.
Wir zeigen euch allen, was in uns steckt,
was ihr noch niemals zuvor habt entdeckt.
Der Schöpfer der Schöpfung hat uns so kreiert,
daß nicht alles nur im Kreis rotiert.
Mit Kopf und Hand gestalten wir die Welt –
das ist es doch, was letztlich zählt!

Jede/r bekommt hier eine Tontaube als Zeichen von Gottes Segen, möglichst von den Schülern und Schülerinnen im Unterricht selbst hergestellt.

Segensgebet

Ohren hast du uns gegeben –
segne unser Hören und Aufeinanderhören.
Augen hast du uns geschenkt –
segne unser Sehen und Ansehen.
Einen Mund hast du uns geschenkt –
segne unser Reden und unser Schweigen.
Eine Nase haben wir bekommen –
segne unser Gespür, woher der Wind weht.
Hände hast du uns gegeben –
segne unser Handeln.
Füße haben wir bekommen –
segne die Wege, die wir gehen.

(Anton Rotzetter)

Im Klassenzimmer der Klasse

Hier ist der Ort, wo sich das meiste für euch Schüler und Schülerinnen abspielt: euer Klassenzimmer. Bunt zusammengewürfelt seid ihr, wenn ihr euch umschaut. Da gibt es Jugendliche mit ganz unterschiedlichen Begabungen und Charismen. Es ist ein großer Reichtum, daß ihr so verschieden seid. Und ihr könnt ungeheuer viel voneinander und miteinander lernen. Nicht nur Matheaufgaben, auch Lebensaufgaben könnt ihr mit eurem Reichtum miteinander lösen.

Die Klasse stellt sich in einen Kreis zum Lied: »Wenn einer alleine träumt.«

Segensgebet

Gott sei mit euch,
um euer gemeinsames Lernen zu segnen.
Gott sei neben euch,
um euch zu begleiten
und euren Zusammenhalt zu stärken.
Gott sei vor euch,
um euch Wege und Auswege zu zeigen.
Gott sei hinter euch,
um euch den Rücken zu stärken
und eure Persönlichkeiten wachsen zu sehen.
Gott sei unter euch,
um euch aufzufangen,
wenn ihr über Hürden stolpert.
Gott sei in euch,
um eure Zuversicht zu stärken
und euer Leben und Lernen mit Freude und Friede zu erfüllen.
Gott sei über euch,
um euch zu segnen.

SCHRIFTTEXT

Mt 7,24–27   Vom Haus auf dem Felsen

LIEDVORSCHLÄGE

Tr 137	»Gehet nicht auf in den Sorgen dieser Welt«
Tr 150	»Komm, bau ein Haus«
EG 175	»Ausgang und Eingang«
Tr 487	»Wenn einer alleine träumt«

Susanne Herzog

STICHWORTREGISTER

Abschluß *34, 38, 41, 56, 62, 66*
Achtsamkeit *18, 21, 79, 109, 130, 170, 205*
Advent *72, 76, 79, 86, 90, 205*
Angst *29, 106, 184*
Armut *114, 126, 135*
Aschermittwoch *98*
Aufbruch *41, 56, 66, 151*

Begabungen *18, 50, 144, 151*
Begeisterung *144, 188*
Begleitung *25, 29, 41, 56, 66, 214*
Belastung *86, 106, 174, 208*

Christsein *79, 90, 98, 106, 158, 208*

Dunkelheit *76, 86, 205*

Ehrlichkeit *184, 208*
Eine Welt *114, 126, 135*
Engagement *50, 79, 90, 109, 114, 120, 130, 135, 154*
Engel *79*

Fastenzeit *98, 109, 126*
Freizeit *144*
Freundschaft *166, 174, 193*
Friede *72, 135, 162, 174*

Geborgenheit *25, 29*
Gemeinde *200*
Gemeinschaft *18, 79, 174, 179, 184, 188, 208, 214*

Gerechtigkeit *79, 126, 135*
Gewalt *162, 174*
Gott *25, 29, 179*

Heilige *179, 200*

Jesus Christus *86, 102, 106, 166, 208*

Kirche *200*

Leben *86, 151, 170, 179, 188, 193, 200*
Licht *72, 79, 86, 205*
Liebe *193*
Loslassen *34, 56, 151*

Masken *184*

Neubeginn *34, 56, 66, 86, 151, 208*

Ordnung *21*

Passion *102, 106, 109*

Schöpfung *120, 130*
Schuld *174, 208*
Schulentlassung *56, 62, 66*
Schuljahresbeginn *18, 21, 25, 29*
Schuljahresende *34, 38, 41, 50*
Selbstfindung *50, 144, 170, 200*
Segen *208*
Sinne *158*

Solidarität *21, 90, 109, 114,
  126, 130, 135*
Straßenkinder *114, 126*
Streit *72, 162, 174*

Verantwortung *18, 114, 120,
  126, 130, 135*
Vergebung *102, 106, 208*
Verheißung *34, 38, 41, 76, 86*
Versöhnung *166, 174, 208*
Vertrauen *21, 25, 38, 151,
  166, 179, 193*

Weg *38, 41, 66, 205*
Weihnachten *72, 79, 90*
Werte *109, 120, 126, 130, 154,
  179*

Zeit *170*

VERZEICHNIS DER VERWENDETEN SCHRIFTTEXTE

Gen 1,1 – 2,4   *130*
Gen 1,26–31   *120*
Gen 12,1–5   *151*
Gen 12,1–8   *56*
Gen 27 – 32   *174*

Ex   *41*
Ex 17,1–4   *38*
Ex 17,4–7   *38*

Num 20,1   *38*

Ri 9,7–21   *154*

1 Sam 17,1–11.17–25a.32–51   *179*

Ps 139   *184*

Koh 3,1–8   *170*

Weish 11,20b–12,1   *21*

Sir 33,13   *25*

Jes 9,1–3.5–6   *79*
Jes 11,1–11   *76*
Jes 49,15–16a   *29*
Jes 53,1–5   *106*
Jes 60,1   *205*

Mt 6,16–18   *98*
Mt 7,24–27   *62, 214*
Mt 25,14–24   *144*
Mt 25,35–40   *126*

Mk 7,31–37   *158*
Mk 10,28–30   *151*
Mk 14,66–72   *109*

Lk 2,1–7   *90*
Lk 2,8–11   *79*
Lk 2,8–14   *72*
Lk 10,25–37   *114, 135*
Lk 13,10–17   *166*
Lk 13,18–19   *151*
Lk 15,11–24   *179*
Lk 18,15–17   *166*
Lk 18,35–43   *166*
Lk 23,33–38   *102*
Lk 24,13–30   *66*

Joh 1,9   *205*
Joh 2,1–12   *50*
Joh 8,1–11   *208*
Joh 8,3–11   *162*
Joh 8,12   *86*
Joh 10,1–10   *34*

Apg 2,1–13   *188*

1 Kor 12,12–31   *18, 200*

Eph 5,8–9   *86*

Phil 2,5–11   *154*

1 Petr 2,4–7a   *62*

1 Joh 4,7–12.16b–21   *193*

Bildnachweis

S. 60: Roland P. Litzenburger, Abraham, 1964
© Gretel Kunze. Künstlerischer Nachlaß, Markdorf

S. 78: Sieger Köder, Stumpf Isais, © Sieger Köder

S. 91: Sieger Köder, Maria und Josef auf Herbergsuche
© Sieger Köder

S. 92: Beate Heinen, Herbergsuche, 1981
Kunstverlag Maria Laach, Nr. 5395

S. 94: Sieger Köder, Stall zu Betlehem, © Sieger Köder

Textnachweis

S. 54: Elli Michler, Von der Kostbarkeit der Zeit. Gedanken über den Tag hinaus, Don Bosco Verlag, München ²1997

S. 58f.: Hans Künzler, Der Wunderknabe, in: Orientierung 39 (1975) 73

S. 82f.: Rudolf Otto Wiemer, Der Esel des Herrn Bileam. Biblische Spielstücke »Jetzt und hier«, Bd. 7 Deutscher Theaterverlag, Weinheim

S. 133f.: Hermann Multhaupt, Gebete der Indianer Bergmoser + Höller Verlag GmbH, Aachen

S. 136ff.: Aus VARENKA von Bernadette, © 1971 Nord-Süd Verlag AG, Gossau Zürich/Schweiz

S. 181f.: Bettina Wegner, Im Niemandsland hab ich ein Haus © Aufbau Taschenbuch Verlag GmbH, Berlin 1997

S. 182: Claudia Hofrichter, Ich glaube. Jugendbuch zur Firmvorbereitung, Kösel-Verlag, München 1994

S. 195ff.: Jörg Zink, Was bleibt, stiften die Liebenden, Kreuz Verlag, Stuttgart 1979, S. 294, 312, 313, 315

S. 218: Anton Rotzetter, Gott, der mich atmen läßt Verlag Herder, Freiburg 14. Auflage 1998

MITARBEITERINNEN UND MITARBEITER

Ulrike Arlt
Backnang

Beate Brielmaier
Neuhausen

Christof Bumüller
Ellwangen

Anne Enderwitz
Rottenburg

Hedwig Fischer
Nordwalde

Gabriele Gostner-Priebe
Stuttgart

Susanne Hepp-Kottmann
Wendlingen

Susanne Herzog
Esslingen

Reinhold Jochim
Kirchheim/Teck

Rudi Kaiser
Wolpertswende

Franz Keil
Kirchheim/Teck

Wilhelm Keller
Kirchheim-Ötlingen

Ansgar Krimmer
Kißlegg

Jeanette Krimmer
Kißlegg

Hans Plewka
Ellwangen

Ulrike Prießnitz
Bietigheim

Tobias Schart
Esslingen

Barbara Schaupp
Gäufelden

Michael Schindler
Esslingen

Reinhard Schlereth
Rimpar

Peter Schmid
Rottenburg

Ulrike Schmidtblaicher
Wolfschlugen

Hans Schuh
Rottenburg

Anton Seeberger
Rottweil

Thomas Steiger
Nürtingen

Robert Widmann
Reutlingen